독도는 한국 땅
– 대마도는 조선부속 섬

일본이 숨겨놓은 비밀문서, 고지도
죽도독도, 조선이 가지고 있다, 고지도 발견
죽도독도, 1942년 4월 24일 편입문서 발견

일본 사료를 통해 본 일본 고지도 고문서
독도는 한국 땅 출판에 대하여

필자는 대학을 졸업하고 중등학교 교사를 하면서 일본에 관심이 많았다. 일본 역사 속에 우리 문화를 찾고 억울한 한민족의 얼을 찾고자 한일 협정 후 일본유학을 갔다. 소수 유학생이지만 일본 역사를 하는 사람은 없었다. 그 당시만 해도 공업, 농업, 경제학을 하는 유학생은 있어도 일본 역사과에서 한일관계사를 연구하는 유학생은 없었다. 지금도 일본어, 일본 문학을 하는 유학생은 많지만, 한일관계사 역사를 하는 사람은 소수이다.

필자는 일본 역사 한일관계사를 했기 때문에 많은 문서를 찾았다. 역사기록에 찾아볼 수 없는 사료도 많이 찾았다. 다시 말해서 임진왜란 시 조선인들의 귀를 잘라갔고 코를 잘라가서 무덤을 만들어 놓은 것을 연구하여 보도할 때 세상이 떠들썩했다. 해외 특파원들이 취재하러 들어와서 필자는 상당히 바쁜 일과를 보냈고 지금도 보내고 있다. 최근까지 임진왜란 귀 무덤, 코 무덤, 조선 장군들의 머리 무덤 수십 곳을 찾아 보도하고 있다.

이뿐인가 일본군 위안부는 일본군부가 강제로 끌고 갔다는 비밀문서도 수없이 찾았다. 강제징용자들의 유해도 수없이 찾아 귀국시키고 8,000명이나 태운 우키시마마루는 일본군부가 고의로 폭발시킨 문서도 찾아 보도하고 우키시마마루 배는 「일본군부가 폭발시켰다」는 다큐 영화를 제작할 때 고의적 폭발문서도 제공했다. 지난 몇 년 전 강제징용역사사료관(국립)을 부산에 유치할 때 필자가 노력했다. 당시 부산시장으로부터 감사장도 받았다.

이번에 출판하는 독도는 분명히 조선 땅이라는 문서를 찾아내어 이제 출간한다. 독도는 우리 땅이란 문서의 연구자들이 많이 있지만 모든 것이 우리나라 문서이다. 우리나라 문서로서는 일본사람들이 수긍하지 않는다. 이번에 출간하는 고문서 고지도는 일본 정부가 만든 것이다. 지금까지 꼭꼭 숨겨 놓은 것을 필자가 찾았다. 이 문서 일부는 우리나라 언론이 보도한 것이고 외신기자들이 보도한 것을 출간한다.

보도가 될 때 모든 분이 이런 사료들을 어떻게 찾았는가 전화가 많이 걸려왔다. 필자는 일본 역사를 일본에서 연구했으니 역사가로서 쉽게 찾을 수가 있다. 일본에서 학부 석사 박사를 했으니 지인들도 많다. 연구 동료자들이 협력을 한다. 지금도 독도는 한국 땅이라 하는 그룹들이 200여 명이나 되어 독도는 한국 땅이라 외치고 있다. 지난 2013년 독도에 일본사람들을 초빙 방문하도록 하고 독도에서 한국 땅이라 외쳤다. 독도가 생기고 일본사람이 들어가 한국 땅이라 외치기는 처음이었다.

일본에서 찾아낸 문서 고지도는 모두가 비밀이란 도장이 찍혀 있다. 절대 보여주지 않은 것들이다.

일본에서 독도는 한국 땅이라 외치는 그룹들이 이런 문서를 가지고 있는데도 독도는 일본 땅이라 하는 정부를 보고 수시로 항의 데모를 한다. 필자도 일본에 자주 가서 참가하고 강의도 한다. 그리고 독도는 한국 땅이란 문서를 가지고 국제 재판도 하자고 한다. 충분한 사료이다.

그러나 우리나라 국민들 일부는 국제 재판까지 갈 수 없다. 분명히 우리 땅인데 뭐 때문에 재판석까지 가는가이다. 필자도 수긍이 갔다. 자기 아버지를 남들이 잘못 알고 자기 아버지 아니라 한다고 재판에 갈 수 없다. 분명히 우리 땅 이번에 일본인이 만든 고문서 고지도에 조선 땅으로 되어 있으니 말이다.

이번에 출판을 한 일본국 일본인이 만든 지도 문서는 우리 국민이라면은 한 권씩 가질 필요가 있다. 후세대에 좋은 교육이고 독도 지키는데 필요한 가정보감이다. 후세들의 민족의식이 점점 사라지고 애국심도 없는 이때 필요한 사료이다.

일찍이 민족교육에 헌신해온 창원에 있는 강영철 교장이 어느 누구보다 독도 교육에 선구자로 수차 독도에 가서 중고교생들을 교육시킨 인물이다. 이번에도 귀서를 발간하도록 하고 교육시킨 점은 참으로 감사하다. 그리고 이 책을 출판한 출판사에 감사함을 드리고 출판한 분들께 사의를 표하는 바이다.

독도 연구가
김문길 교수

일독을 권장합니다

저는 중등학교 교원으로서 대한민국의 청소년들에게 나라 사랑하는 마음을 일깨워 주기 위하여 독도 교육을 실천하여 왔습니다.

독도를 알기 위하여 독도학과를 졸업하고 독도교육사 자격과 청소년지도사 자격을 수여하고 창원경일고등학교에서 경일독도지키미 활동을 하여 왔으며, 2007년에는 전국동아리경진대회에서 최우수상을 받기도 하였습니다.

경남교육청의 특색교육사업인 독도 교육 교재편집위원장을 역임하면서 경남의 많은 분들과 교류가 있었습니다.

국가의 3대 구성요소는 영토, 국민, 주권이지요. 그런데 일본은 1905년 효력이 없는 시마네현고시 제40호를 발동하여 독도를 자기들 땅으로 편입한다는 것이었습니다.

그러나 그것은 출처 불명의 회람용 자료일 뿐이었으며, 대한제국은 고종 칙령 제41호를 1900년에 반포하여 울릉도와 독도가 우리나라 땅임을 세계만방에 선포하였습니다.

저는 이러한 역사적 사실과 일본이 독도를 조선의 것으로 인정한 일본 정부인 태정관 지령을 비롯하여 많은 자료가 있음을 우리 국민과 해외에도 알려야겠다는 소명의식을 가지게 되었습니다.

마침 일본으로부터 독도와 대마도에 관한 귀중한 자료들을 발굴하여 국내에 소개한 바 있는 김문길 교수님을 만나게 되었습니다. 교수님은 부산외국어대학에서 퇴임하시고 일본 국립고베대학에서 한일관계사를 전공하시는 철학박사, 학술박사님으로서 우리나라의 일본에 대한 소중한 자료들을 발굴하여 오신 분으로 정말 소중한 분입니다.

이 분의 자료들을 제가 정리하여 문고본으로 출판한다는 것은 저에게 너무나 감격스러운 일이며, 우리나라에서도 독도에 대한 획기적인 발굴자료집이 될 것입니다. 이 자료들을 바탕으로 우리 국민이 독도에 관한 관심을 확신으로 자리매김 할 수 있기를 기원합니다.

2020. 5.
창원시봉림청소년수련관
관장 강영철

책을 펴내면서

독도는 한국 땅 출판에 대하여 김문길 박사 / 2

일독을 권장합니다 강영철 박사 / 4

일본 고문서로 본 대마도 독도는 우리 땅

독도(죽도) 도해령 / 10

죽도 도해금지령 / 11

안용복, 박어둔 때문 울릉도 독도까지 일본인이 접근하지 않았다 / 12

울산 사람 박어둔은 소금구이가 아닌 지식인 양반이다 / 13

어촉서어청인장 / 14

죽도독도 도해일건 전 / 15

명치 9년 지적문서과 제1종 / 16

죽도독도 빼앗아 간 첫 문서 회의록 / 17

일본 내무성 훈령 / 18

회람한 시마네현 고시 제40호는 직인이 없다 / 19

문서번호 1073호 / 20

을서 제152호 / 21

독도(리앙쿠르트) 영토 편입과 대여청원 / 22

"독도 옛이름 리앙쿠르는 이안굴서 따온 말" / 24

독도(죽도) 방문조사 일정문서 / 27

문서번호 11호 / 28

목차에도 새겨진 '죽도'조선 러·일전쟁 당시 日 교과서 공개 / 29

복명서 / 30

독도(죽도) 조사의뢰에 대하여 / 31

일본은 패전 후 미연합군 사령부의 지령으로 독도 접근 못했음 / 32

시마네현 영토 죽도 재확인에 대하여 / 33

일본 외무성이 시마네현에 죽도를 일본 영토로 한 것이 언제인가 보고하라는 문서 발견 / 35

일제 통치하의 죽도(독도) 편입 문서 / 36

아직 일본 국토부 토지대장에는 죽도가 아니고 독도로 표기 / 37

강치 잡아 일본 왕궁에 보냄 / 38

일본인들이 강치 씨를 말렸다 / 39

日, 울릉도 수목 약탈해 절 기둥 사용 문서 발견 / 40

죽도(독도 빼앗기) 대마도 때문 일본자위대 조직 / 43

일본인, 부산에서 독도는 한국 땅 기자회견 / 45

일본인 3인 독도 방문, 독도는 한국 땅이라 외침 / 48

"동해는 조선해, 일본해는 일본서해"라 적힌 일본 고지도 / 49

바다의 날 앞두고 일본인 작성한 '동해' 사료(史料) 처음 공개 / 54

일본 고지도에 독도 대마도 우리 땅

조선팔도총도 / 58

조선고도 / 59

황명여지지도 / 60

일본해산조륙도 / 61

부상국지도 / 62

지나조선고지도(신라, 고구려, 백제, 조구역지도) / 63

팔도총도 / 64

사군이부한 시분계지도 / 65

일본제국도 / 66

남첨부주만국장과지도 / 67

일본 에죠 조선 삼국접양지도(울릉도라 표기되지 않은 지도) / 68

일본 에죠 조선 삼국접양소도(울릉도라 표기된 지도) / 69

천하국도동국도 / 70

동국지도 조선총도 / 71

황여전람도조선도 / 72

아국총도 / 73

조선지도 / 74

동국팔도대총도 / 75

조선도 / 76

신라·백제·고구려 팔조구역지도 / 77

18세기 조선 팔도지도 / 78

JOHNSON'S JAPAN / 79

JAPAN and COREA / 80

『일본제국지도』에도 일본해가 아니고 「한국해」 발견 / 81

『日本讀史地圖』에도 일본해가 아닌 서해 / 83

청조일통지도 / 84

조선지도 / 85

16성구변도 / 86

조선팔도지도 / 87

조선팔도총도 / 88

조선국세견전도 / 89

일본영역도 / 90

일본변계약도 / 91

소유일람지도 / 92

'한국해' 표기한 프랑스 고지도 최초 공개 / 93

'한국해' 표기된 17세기 고지도 발견 / 95

대마도 지도 발견, 대마도는 우리 말한글 사용

조선국 대주아리아케야마에서 보는 원견지도 / 98

조선 조정에서 보낸 대마도 무사임명장 / 99

대마도 지도에 조선에 속하여 문물을 따른다고 기록 / 100

대마도는 조선 땅이라 조선인이 살았고 한글을 사용했다 / 101

대마도 글『한글』을 원전으로 하여 일본어 창제 / 102

대마도에서 사용한 한글로 고사기를 만듦 / 104

일본 고문서로 본 대마도 독도는 우리 땅

독도죽도 도해령渡海令

문 서 명 독도(죽도) 도해령(渡海令)

작성연대 1617년 5월 16일

작 성 자 돗토리 시마네현 통치자 마쓰타이라 신타로(松平新太郎)

수 신 오야 신기찌(大谷基吉)와 무라카와 시헤이에(村川市兵衛)

소 장 김문길 교수 사본 소장

내 용 우리나라 조정에서는 1417년에 독도는 물론이지만 울릉도에 사람이 살 수 없도록 했다. 공도 정책은 왜구들의 약탈과 이민족의 침입, 범죄자들이 울릉도로 도망을 가서 생활하는 자가 많으니 사람들을 살지 못하도록 한 것이 큰 이유이다. 공도 정책으로 조선인이 살지 못하는 틈을 타서 일본인들이 자기네 영토처럼 많은 사람들이 들어와서 불법으로 고기를 잡아갔다.

내용을 보면 "죽도(울릉도, 독도)에 들어가 고기를 잡은 것과 같이 앞으로도 고기를 잡도록 허가하니 도해하기를 바란다"고 기록되어 있다. 울릉도와 독도를 지킨 안용복, 박어둔이 일본 어선들의 손에 잡혀 일본에 갔다. 일본어를 잘하던 안용복, 박어둔은 울릉도와 독도가 조선영토란 것을 명백히 말했다. 독도를 지킨 안용복, 박어둔은 귀국했으나 1696년 1월 28일 죽도(독도, 울릉도)에 다시 금지령이 내려졌다.

▲ 두루마리로 된 문서

죽도竹島 도해금지령

문 서 명 죽도(竹島) 도해금지령
작성연대 1696년 1월 28일
작 성 자 돗토리 시마네현 통치자 마쓰타이라 신타로(松平新太郎)
소　　장 김문길 교수 사본 소장
내　　용「예전에 마쓰타이라가 백주(옛명 돗토리 시마네현)에 영주로 있을 때 말씀드려서 백주 요나고 주민 오야 신기찌와 무라카와 시헤이에가 죽도에 도해하였고 지금까지도 어로를 하고 있다. 앞으로는 죽도에 도해하는 것을 금하라는 명이 계셨으므로 그 뜻을 받들도록 하라」(영주와 관련된 사인도 있다)는 것이다.
죽도는 조선 땅이나 들어가지 말라는 것이다. 1693년 4월 18일 독도를 지킨 안용복과 박어둔이 일본에 가서 울릉도와 죽도(독도)는 조선 땅이라고 강력히 얘기하니 도해금지령을 내렸다. 문서가 내린 동기는 안용복과 박어둔이 독도를 지키고 영주께 강력히 이야기한 탓이다. 그러나 일본사람들의 일부는 죽도는 당시 울릉도를 말한다고 주장한다. 당시 울릉도를 죽도라 했지만 1853년 금지령이 내려져도 밀업을 한 하치우에몬을 사형시켰다. 사형 당할 때 죽도와 송도(당시 독도)는 조선이 공도정책으로 버려진 땅이니 일본이 고기를 잡도록 유언을 남기고 사형당했다. 그러니 죽도(울릉도)와 송도(독도)는 동시에 금지령이 내렸다는 것이다. 명치 9년에 내린 일본 문서를 보면 도해령 때문에 일본어선들이 독도(죽도)까지 접근하지 못했다. 이 문서를 보아도 독도는 우리 땅이고 안용복, 박어둔의 업적이 크다.

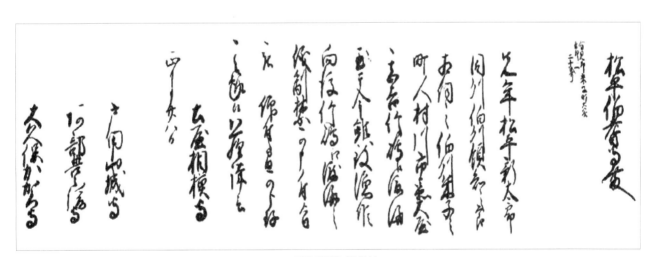

▲ 두루마리로 된 문서

안용복, 박어둔 때문 울릉도 독도까지 일본인이 접근하지 않았다

문 서 명 시마네현 영토 죽도(리앙쿠르트 재확인)

문서작성자 시마네현지사 츠네마츠 야스오(恒松安夫)

문서작성일 소와 26년(1951년) 8월 30일

수　　신 외무대신 : 요시다 스케(吉田 茂)

내　　용 소와 26년 8월 16일 평화조약시 죽도 처리문제

본섬(죽도)은 원화 4년(1684년)부터 일본어선이 고기를 잡았다. 원록 7년(1694년) 안용복, 박어둔 사건 후 막부가 금지령이 내려져 죽도까지 일본인이 접근 못 했다는 내용이다. 실은 원록 9년(1696)에 안용복, 박어둔 일본에 납치되어 갔다.

앞장에서 일본 막부가 죽도에 못 가도록 금지령이 내려질 때 죽도는 울릉도이니 당연히 조선영토에 못 가도록 금지령이 내린 것이다. 그때 죽도는 울릉도이고 울릉도에 가지 말라는 문서라고 일본인들이 지금도 말한다. 한국에 유명한 독도 연구자도 금지령이 내린 것은 죽도 즉 울릉도를 말한다고 고집하고 있다. 그런 것이 아니다. 죽도는 당시 울릉도 독도까지 금지령이 내린 것을 증명하는 문서이다.

울릉도 독도에 밀업하다가 잡혀 사형당한 하치우에몬도 울릉도 독도 두 섬은 조선이 비워놓았으니 일본어선이 가서 고기 잡도록 유언하고 사형당했다. 울릉도 독도 두 섬을 포함해서 금지령이 내렸다.

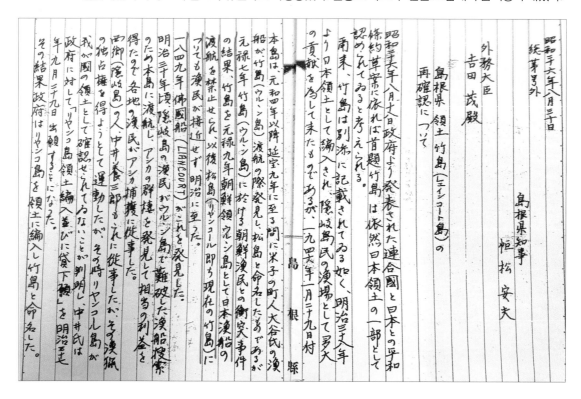

울산 사람 박어둔은 소금구이가 아닌 지식인 양반이다

박어둔 선양회, 오늘 '독도의 날' 행사서 관련 사료 공개

박어둔 선양회가 13일 오전 11시 30분 정토사에서 '독도의 날' 기념행사를 열고 김문길 한일 문화연구소 소장이 박어둔에 대한 사료를 공개한다.

이날 공개되는 사료는 1953년 도쿄의 연합국 사령부가 이미 한국령임을 명시한 독도에 대해 일본인들의 접근을 금지하자 이에 반발한 일본 시마네현이 작성한 서류이다.

'에도 시대의 돗토리 현의 상황'이란 제목의 이 서류에 박어둔에 관한 내용이 나온다.

김문길 소장은 "이 문서가 박어둔의 존재나 활약을 부정하는 논리를 뒤집을 결정적 자료가 된다"고 주장한다.

김 소장은 이날 발표에서 "박어둔은 붓과 벼루를 지참하고 한문을 자유자재로 구사한 문사로 지금까지 알려진 것처럼 소금꾼인 염간이 아니다"고 밝힐 예정이다.

또 박어둔 선양회 이양훈 이사는 박어둔에 대한 연구 결과를 발표한다. 이 이사는 "박어둔은 1687년 이전에 울산군 대현면에서 살았고 이후 1693년 사이에 청량면 목도리(방도리)로 이사했다"고 주장한다.

2015년 10월 22일 울산제일일보 (강귀일 기자)

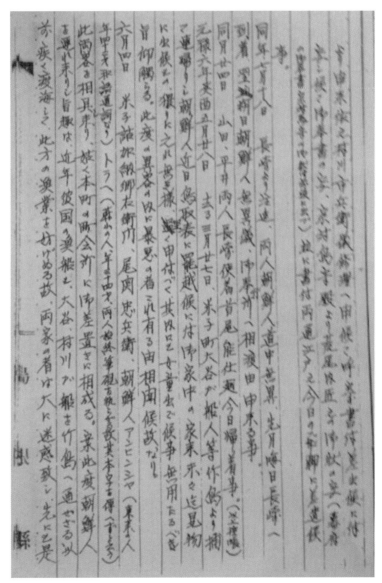

어촉서어청인장

문 서 명 어촉서어청인장
작성연대 1838년 2월
발 신 자 시마네현 통치자 마쓰타이라 신타로
수　　신 각 어촌의 촌장들
소　　장 김문길 교수 사본 소장
내　　용 1696년에 안용복 장군, 박어둔 등이 일본에 가서 울릉도와 죽도를 조선의 땅이라고 항의한 뒤 일
　　　　　본 바쿠후(幕府) 가죽도와 송도(당시 독도)에 일본인들의 출입을 금하는 해금령을 내렸지만 한 일본인
　　　　　어부가 이를 어겼다가 사형을 당했다. 뿐만 아니라 일본 정부는 해금령을 어기고 울릉도에 몰래 들
　　　　　어가 밀업을 한 어선선주 카이즈야 하찌우에몬(會津屋八右衛門)을 처형한 뒤 비슷한 사건이 재발하는
　　　　　것을 막기 위해 어촌의 촌장들에게 이 문서를 보내고 서명날인까지 받았다.
　　　　　모두 4장으로 된 이 문서에는 당시 일본 어촌 촌장들의 서명까지 선명하게 남아 있다.

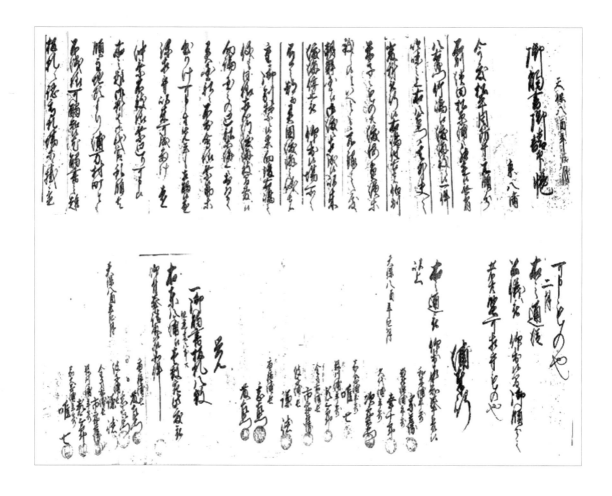

죽도독도 도해일건 전

문헌제목 죽도(독도) 도해일건 전
기록연대 1836년
기 록 자 일본 막부
소　　장 동경대학 박물관 사본 김문길 교수 소장
크　　기 일본 문서 10장
내　　용 5페이지를 보면 죽도(독도)에 들어가서 밀업을 한 하마다 어부 하치우에몬(八右衛門)이 사형당한 문서를 김문길 교수가 보도한 적이 있다. 일본연구자 한국연구자들이 죽도는 당시 울릉도를 말하고 울릉도에 와서 고기를 잡았다 해서 사형당한 것이라 했다. 하치우에몬이 사형선고 심문을 당할 때 본인이 이야기한 심문조서를 김문길 교수가 찾아낸 것이 「죽도 도해일건 전」이다. 빨간색 줄 친 부분을 보면 하치우에몬이 송죽도(울릉도) 송도(독도) 양 섬은 조선에서 공도 정책으로 섬을 버려두시니까 일본 땅으로 하고 고기를 잡도록 해주세요라는 유언을 하는 것 보니 당시 독도(송도)에도 일본 막부가 같이 금지령이 내린 것이 팩트의 문서이다.

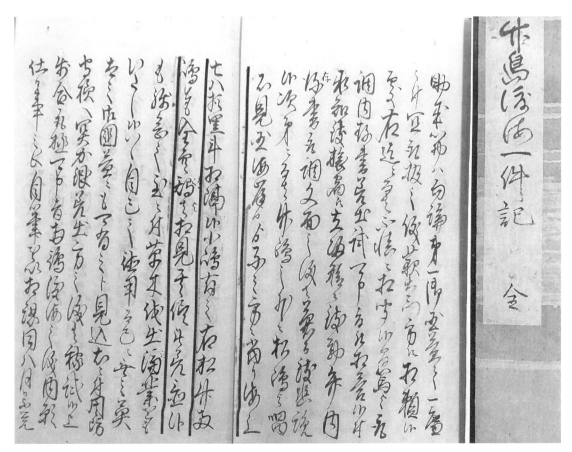

명치 9년 지적문서과 제1종

문 서 명 제1종
작성연대 1876년(명치 9년)
발 신 자 명치정부 지리부 지적 문서과
소　　장 김문길 교수 사본 소장
내　　용 1617년 돗토리 시마네현 영주가 울릉도, 독도에 사람이 안 사는 공도이니 고기를 잡도록 도해령을 주었다. 그 후 안용복, 박어둔이 일본에 가서 조선의 섬이라는 것을 항변하니 일본어선들이 출항하지 못하도록 금지령을 내렸다. 명치 신정부는 울릉도, 독도(죽도)는 일본 영토와 관계없고 옛날에 안용복과 박어둔이 일본에 와서 조선 영토란 것을 알림에 조선 영토라는 것을 알고 금지령이 내려졌다고 명치 때 와서 지리부 지적과에서 증언한 문서이다. 안용복, 박어둔의 영토수호 정신에 금지령이 내려졌다.

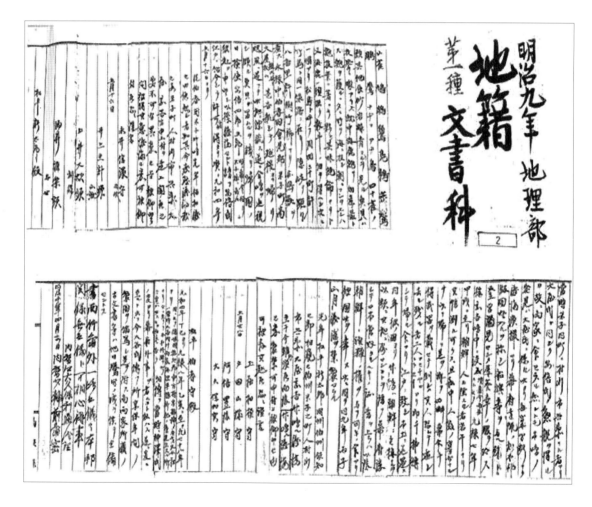

죽도독도 빼앗아 간 첫 문서 회의록

제　　목 죽도(독도) 빼앗아간 첫 문서 회의록

일　　시 명치 38년(1905년) 1월 28일

문　　서 내각 총무대신 법제국 장관

문서내용 일본 오키도에 어부 나카이 요사부로가 죽도를 편입시켜 주라는 청원서를 내무부에 내니까 내무성 내무부 장관이 9장관을 소집하여 관료 회의를 열어 죽도를 일본으로 편입시킨 문서.

　　　　　이 문서에 죽도는 조선에서 독도라 하지만 아직 점령하지도 않았고 세계 어느 나라도 점령하지 않은 무인도이다. 일본이 편입한다는 결의서이다. 각 장관 사인이 있다.

　　　　　이렇게 무인도를 일본영토로 했는데 한국이 점령하고 있다. 세계재판을 하자고 우기고 있다.

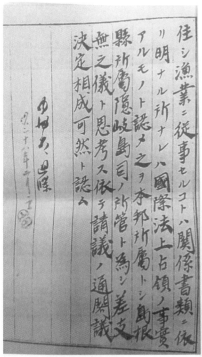 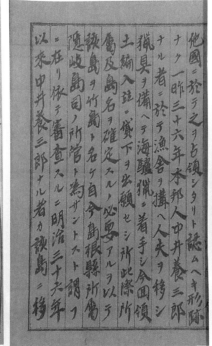 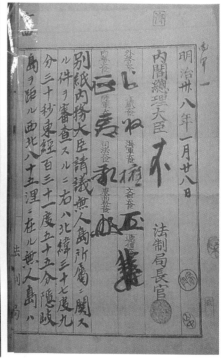

일본 내무성 훈령

문 서 명 일본 내무성 훈령
작성연대 훈령 1905년 2월 15일
발 신 자 내무대신 호시카와 다카마사
수　　신 시마네현 지사 마쓰나카 다케요시
소　　장 김문길 교수 사본 소장
내　　용 북위 37도 9분 30초 동경 131도 55분 오끼도 거리 85리에 있는 도서를 죽도라 하고 지금으로부
터 그현(시마네현) 소속 오끼섬주의 소관으로 하기로 이 내용을 관내 고시하고 훈시함이라고 되어 있
다. 일본 내무성이 관내(시마네현)에 고시하라고 했으나 시마네현은 고시하지 않고 회람을 했다.
명치 38년(1905년) 2월 15일 내무대신 자작 요시카와다카마사 시네마현 지사 마쓰나카 다케요시 전

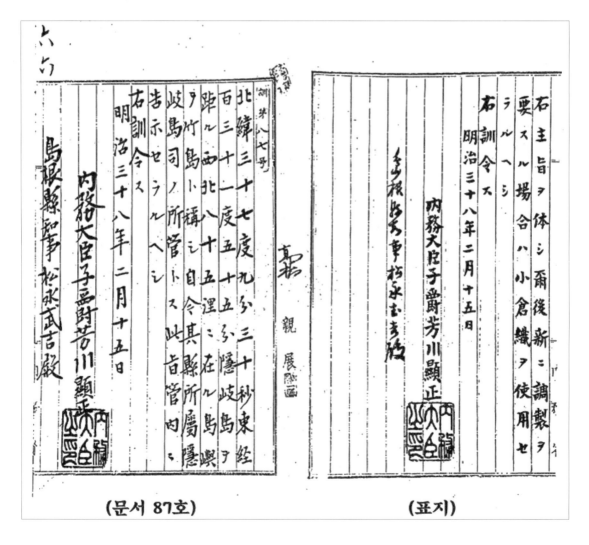

(문서 87호)　　　　　　　　　　　　　　　　　(표지)

회람한 시마네현 고시 제40호는 직인이 없다

문 서 명 시마네현 고시 제40호
작성연대 1905년(명치 38년) 2월 22일
발 신 자 시마네현 청장
수   신 없음
소   장 김문길 교수 사본 소장
내   용 시마네현이 오끼섬주에게 내린 11호와 시마네현이 관내에 내린 40호는 모두 직인이 없다. 직인이 없는 것은 효력이 없다. 그러나 시마네현 의원들은 지난 2011년 2월 22일 "다케시마 날"을 제정할 때 직인이 없는 40호를 가지고 "다케시마 날"을 공표했다.

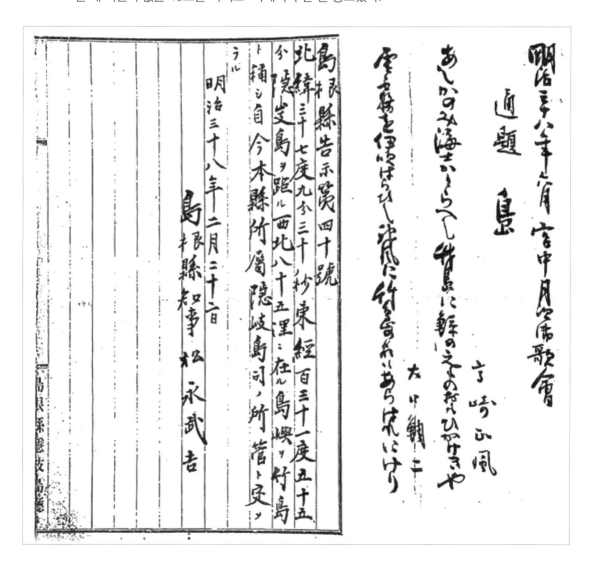

문서번호 1073호

문 서 명 문서번호 1073호
작성연대 1904년(명치 37년) 11월 15일
발 신 자 일본 시마네현청 내무부장 서기관 호리 노부지
수　　신 오끼섬주 히가시 후미호
소　　장 김문길 교수 사본 소장
내　　용 오끼섬 어부 나카이 요사부로는 독도를 일본 영토로 하고 물개를 잡도록 하청을 신청했다. 그래서
　　　　　시마네현청에서 공문을 보내면서 나카이 어부가 하청을 신청했는데 도서(독도)명칭을 무엇으로 해
　　　　　야 좋을지 이름을 지어주도록 조회한다.

㊙ → 비밀문서

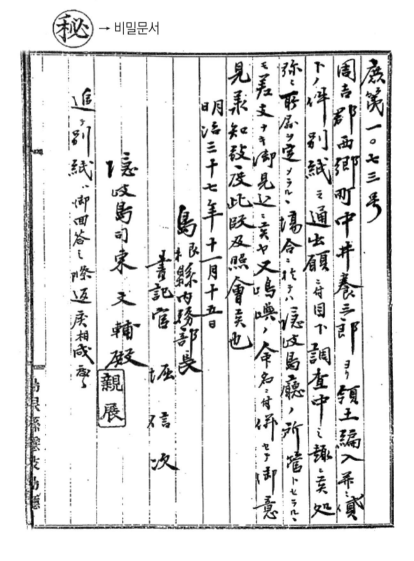

을서 제152호乙庶 제152號

문 서 명 을서 제152호(乙庶 제152號)
작성연대 1904년 11월 30일
발 신 자 오끼섬주 히가시 후미호
수　　신 시마네현 현청장
소　　장 김문길 교수 사본 소장
내　　용 현청에서 문서 1073호가 내려지고 15일 후에 독도에 가까운 일본 오끼섬주가 회답하기로 1073호에
　　　　도서(독도) 명칭을 죽도(竹島 : 다케시마)로 하길 바란다 하고 다케시마는 조선 동해연안에 있다고 기록
　　　　하고 신영토로 하는 것이 좋다고 회신했다. 신영토라 하는 것은 남의 나라의 도서를 빼앗았다는 의
　　　　미이다. 조선동방연안에 있다는 것은 일본 해안에 있다는 것이 아니고 조선 동해에 독도가 있다는
　　　　의미이다. 일본해가 아니고 동해에 있다고 증언도 했다.

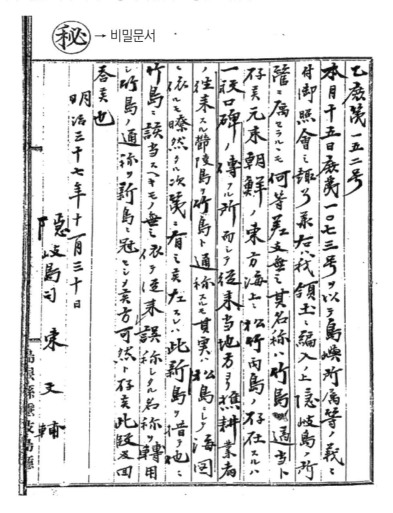

독도리앙쿠르트 영토 편입과 대여청원

문 서 명 독도(리앙쿠르트) 영토 편입과 대여청원
작성연대 1904년 9월 29일
발 신 자 나카이 요사부로(中井養三郎)
수　　신 내무대신, 외무대신, 농상무대신
소　　장 김문길 교수 사본 소장
내　　용 독도 가까운 오끼섬에 살았던 어부 나카이 요사부로는 러·일전쟁 전에 독도에서 밀어업을 하고
1904년에 일본 내무성, 외무성, 농상무 각 대신에게 독도를 죽도로 하고 편입시키고 고기 잡도록
하청을 주라는 하청청원서이다. 줄친 부분을 보면 독도는 무인도이니 일본이 차지하자고 했다. 또
한 일본(본국)이 강원도 지역 어업무역을 하는데 요긴한 장소이니 본국이 경영할 필요성이 있다. 또
한 명치 36년부터 인부를 데리고 고기를 잡고 있으니 신규사업을 할 수 있도록 원한다라 하고 마
지막에 줄친 부분을 보면 본도(독도)를 본방(일본)이 영토편입을 하여 10여년 경영을 할 수 있도록 별
지서류와 같이 보냈다 라고 기록되어 있다.
명치 37년 9월 29일(1904년) 시마네현 주길군 서향정대지 서정지향에 사는 자 나카이 요사부로 각
대신 귀하

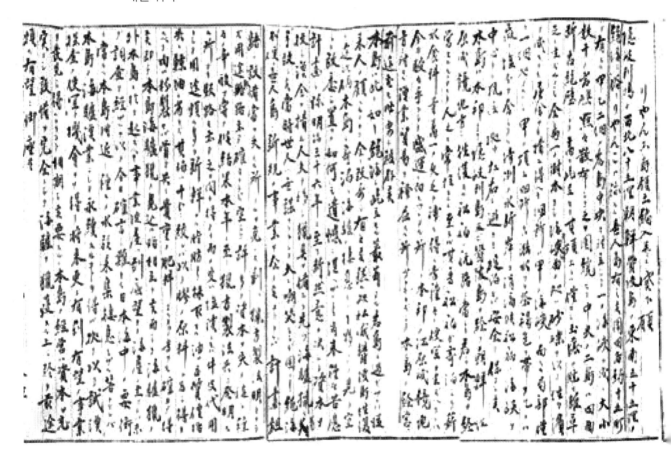

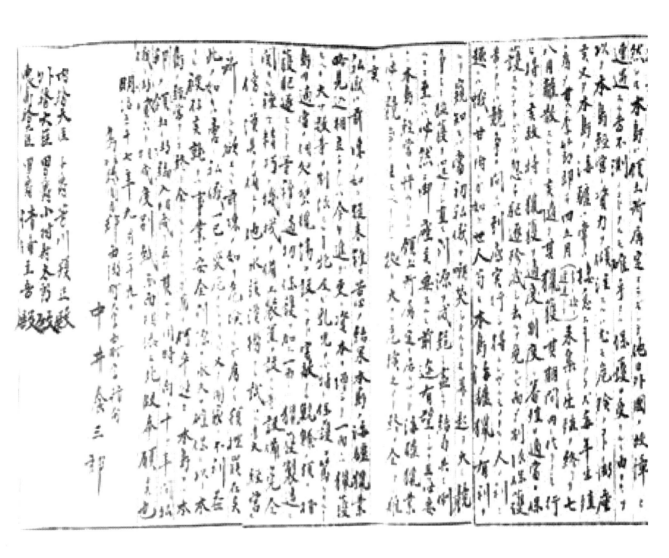

 남의 나라 땅을 마음대로 어부가 신청했다고? 참 어처구니 없네.

(독도교육 강영철)

"독도 옛이름 리앙쿠르는 이안굴서 따온 말"

김문길 한일문화연구소장 日 극비문서 공개
'1894년 발견 프랑스 배 선주 이름' 주장 뒤집어

16

韓国の竹島に対する主張

韓国は独島の韓国領であることを、しばしば主張しているが、その領有を主張する主な根拠は次の四点にある。

(1) 独島は一九四六年一月二十九日SCAP覚書六七七で日本の行政管轄に属している。

(2) 同島は慶尚北道鬱陵島庁の行政官轄以来当時の政府の人、金自周と

(3) 同宗大王慶尚北道鬱陵島と三峰(三峰島)の発見者は永与の人、金自周と記されている。

(4) 李安窟と独島とは同じ白頭火山脈系のものである。

(5) いのアンクールよーる独島と出た名前とは東島とは東島の名前と

(6) 一八四八年一月リアンクール島と愛名づけた曹在千氏が「独島遭難漁民慰霊碑」を

地物的に審査せんだと独島、独島遭難漁民慰霊碑、米海軍東航空隊の演習爆撃にあい漁民が出漁中漁船四隻全壊され、

当時の慶尚南北道知事曹在千氏が「独島遭難漁民慰霊碑」を東島の西方南北に建立した。

書のうち右の(1)も覚書の右は竹島を日本から土分離すると竹島の日本領土であることは米国の交渉に際しても説明を必要としない位で、また平和条約も関係はない。またなんらの規定もないことは米国の交渉に際して竹島の日本領土であることは米国

▲ 나카이 요사부로의 청원서에 리앙쿠르가 나온다. 하지만 일본 극비문서에 리앙쿠르는 이안굴에서 불렀던 이름에서 나온 것으로 본다고 했다. 아래 사진은 조선에서는 이안굴로 불렸다는 기록.

독도의 옛 이름 리앙쿠르는 지난 1894년 프랑스 배가 독도를 발견 선주의 이름을 따서 붙여진 것이라는 주장을 뒤엎는 일본 극비문서가 공개돼 독도가 한국 땅을 또다시 입증하는 근거가 되고 있다.

리앙쿠르는 동도에 있는 큰 암굴을 이조시대 이안굴(李安窟)에서 불렀다는 것. 김문길 한일문화연구소장(부산외대 일어학과 명예교수·사진)이 본지 기자에게 처음 공개한 자료에 따르면 일본문서에 이 같은 내용이 나온다.

이안굴은 이조시대 안용복의 굴이라는 것이 김 소장의 주장이다. 김 소장은 시마네현 다케시마 사료관을 방문 수집한 문서 '日韓漁業交涉資料三' '일본해의 죽도에 대하여'란 자료에 이 같은 주장이 나와 있다는 것.

이 자료는 극비(極祕) 표시에 쇼와 27년 2월 2일자 1. 개설, 2. 령유의 경위, 3. 도명의 변경, 4. 경영, 5. 한국의 죽도에 대한 주장 부록 독도의 지도가 있다. 이 사료 5번째 한국이 죽도에 대한 주장이란 제목에 "리앙쿠르라는 것은 동도에 있는 큰 암굴을 이조시대 '李安窟(이안굴)'이라 불렀던 이름에서 나온 것으로 조선인들이 말한다"고 나카이 요사부로의 주장이다.

이안굴은 일본 발음으로 리안쿠루라고 발음한다는 것. 김 소장은 이 자료는 지난 1952년 2월 2일 작성된 사료로 시마네현이 일본 내무성사료에 낸 사료다. 이 사료의 내용은 죽도(독도)의 역사개념을 정부에 확고히 심어주기 위한 사료다.

이 같은 내용 18장으로 만들어졌고 일본이 독도를 먼저 발견하고 명치 전부터 어부 나카이 요사부로가 고기를 잡은 곳이라는 일본 영토의 확실성을 나타내고자 시마네현이 일본 내무성에 제출한 극비문서다.

일본은 지난 1905년 2월 15일 러일 전쟁을 앞두고 동해 전투 앞서 해군기지를 만들기 위해 독도를 일본 영토로 편입시킨다는 뜻에서 내무성 훈련이 내려졌다.

하지만, 훈령이 내려지기 전 울릉도 독도를 왕래하면서 불법으로 고기를 잡았던 오키섬 어부 나카이 요사부로(中井養三郎)가 고기를 잡고자 명치 37년 9월 29일 자로 내무성에 리앙쿠르를 편입시켜 달라는 청원서를 냈다.

전장에서 말했지만 나카이 요사부로가 청원서를 내무성에 낸 것은 모두 6장이며 붓글씨로 작성했다. 내용은 죽도(리앙쿠르)는 오키섬 서북 85리, 울릉도 동남 55리에 위치한 무인도다. 해산물이 풍부하고 특히 물개가 많다.

물개는 죽도에만 번식하고 있는 희귀 동물로 그동안 많이 잡아 소득을 올리고 있다. 앞으로 일본 땅으로 편입되면 많은 투자를 해 소득을 올리겠다고 다짐하는 문서다.

이 문서의 마지막에는 명치 37년 9월 29일 시마네현 吉郡西鄕町大字西町 中井養三郞 내무대신 자작 芳川顯正殿, 외무대신 남작 小村新太郞殿 농상무대신 남작 情浦主吾殿이 적혀 있다.

부록에는 리앙쿠르섬 약도와 동도, 서도 양도에 실물이 번식하는 곳, 식수가 나오는 곳, 어부들의 숙소가 있는 곳, 고기가 많이 있는 곳, 특히 물개가 많이 있는 곳 등이 구체적으로 기록돼 있다.

이와 같이 극비문서가 1905년 나카이 요사부로 청원보다 뒤에 작성돼 있는데도 리앙쿠르는 이조시대 이안굴에서 불렸다고 기술한 것은 독도가 한국 땅임이 증명된 것이라는 게 김 소장의 주장이다.

김 소장은 "따라서 지금까지 알려진 리앙쿠르는 프랑스 선박이 발견 지어진 것이 아니라는 것을 이 극비문서를 통해서 알 수 있다"며 "이 자료를 보면 독도를 우리나라에서는 이안굴이라고 했다고 볼 수 있다"고 말했다.

2014년 7월 31일 경북매일신문 (울릉 / 김두한 기자)

 독도를 발견한 프랑스 배의 이름이라 세계가 아는데 이것 나카이 어부가 "독도는 리앙쿠르"라고 조선인이 말한다고 증언. 안용복이 거주한 굴 무엇을 봐도 한국 섬이네.
(독도교육 강영철)

독도죽도 방문조사 일정문서

문 서 명 독도(죽도) 방문조사 일정문서 / 시마네현 1242호
작성연대 1905년 러·일전쟁 후 1906년 8월 5일
발 신 자 시마네현 청장
수   신 오끼섬장 히가시 후미호
소   장 김문길 교수 사본 소장
내   용 1905년 5월 27일 러·일전쟁에 승리한 시마네현 지사 일행은 조사원들과 독도(죽도)를 방문한 문서
　　　　　이다. 참가인원, 조사 기술 인원, 배편, 며칠간 조사한 일정을 상세히 담은 일정표문서이다. 이 문
　　　　　서는 오끼섬장에게 보낸 것. 아래는 독도 조사 후 울릉도군청을 방문한 사진이다.

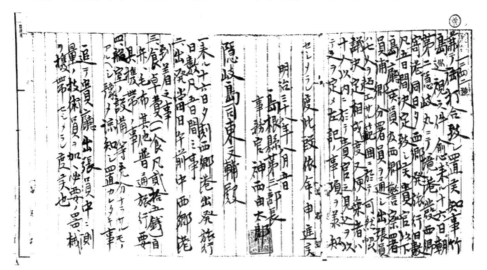

일본 시마네현 조사단원들이 울릉도를 들러 찍은 사진. 이 사진 건물은 당시 울릉군청.

문서번호 11호

문 서 명 문서번호 11호
작성연대 1905년 2월 22일
발 신 자 시마네현 청장 마쓰나카 다케요시
수　신 오끼도청장
소　장 김문길 교수 사본 소장
내　용 북위 37도 9분 30초 동경 131도 55분 오끼도 거리 85리에 있는 도서를 죽도라 하고 지금부터 본현 소속 오끼도주의 소관으로 정하기로 했으니 그렇게 아시기 바람. 이와 같이 훈령함.

　　　명치 38년(1905년) 2월 22일 시마네현 지사 마쓰나카 다케요시

　　　※ 내무대신으로(1905년 2월 15일) 훈령 87호를 받은 시마네현이 22일자로 오끼섬주에게 내린 시마네현 훈령이지만 여기에 보시다시피 이 문서도 현청장의 직인이 없고 문서를 만들었으나 실행하지 않았다고 본다.

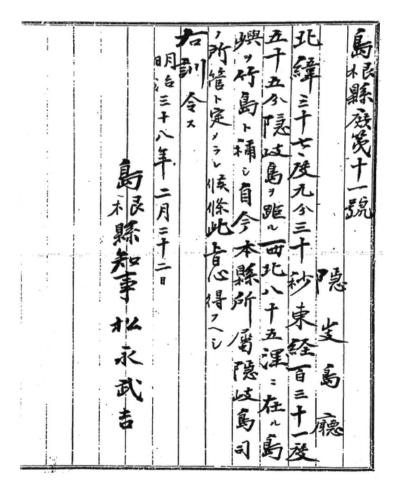

목차에도 새겨진 '竹島'(朝鮮) 러·일전쟁 당시 日 교과서 공개

교과서명 목차에도 새겨진 '竹島'(朝鮮) 러·일전쟁 당시 日교과서 공개
작성연대 1924년
출 판 자 명치서원
소   장 김문길 교수 사본 소장
내   용 한일문화연구소장 김문길 부산외대 명예교수가 공개한 일본중등학교부 교과서에는 러·일전쟁 당시
         상황을 '일본해 해전도(日本海 海戰圖)'에 수록돼 있다. 지도에는 1905년 5월 28일 오전 10시 일본
         제4함선이 전투를 지휘했다는 설명과 함께 지명을 소개하는 색인란에 다케시마(竹島). 즉 독도가 조
         선에 속한다고 명시했다.

복 명 서

문 서 명 복명서

작성연대 1951년 9월 3일

발 신 자 시마네현청 총무과장 이마오카 다케오(今岡武雄)

수 신 시마네현 지사 가끼마쓰 야스오

소 장 김문길 교수 사본 소장

내 용 패전 후 미연합군이 일본 열도의 도서(섬)들을 조사하여 공표했다. SCAPIN 제677호에 독도(죽도)는 조선영토이고, 일본국은 관계없다라고 공표할 때 시마네현청 총무과장이 동경 외무성에 문의하러 출장을 갔다. 출장 후 시마네현청장께 보고(복명서)하기를 독도(죽도)는 조선 영토로 되어 있고 일본과 관계 없다 하니 빨리 재조사하고 신문기자들을 모아 기자회견을 하고 세계언론에 죽도(독도)는 일본 영토로 하자는 출장보고서(복명서)이다.

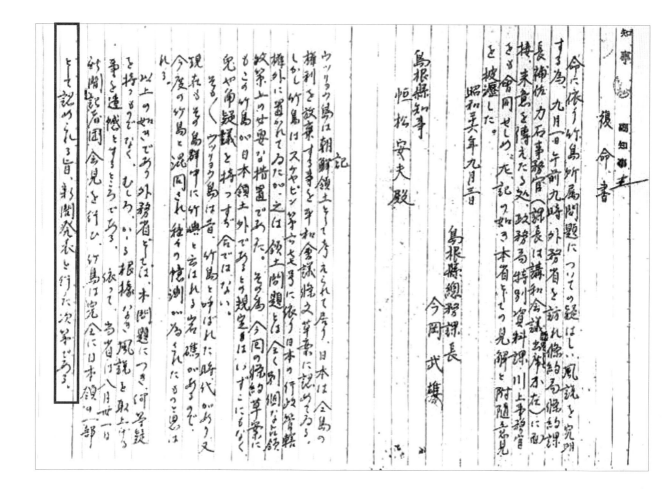

독도죽도 조사의뢰에 대하여

문 서 명 독도(죽도) 조사의뢰에 대하여
작성연대 1951년 9월 5일
발 신 자 시마네현 청장
수　　신 시마네현 오끼지 청장
소　　장 김문길 교수 사본 소장
내　　용 1951년까지 시마네현청은 독도(죽도)가 조선영토란 것을 알고 오끼섬주가 일본 영토라 하니 언제 편입했는지 조사해보라는 문서이다. 조사문서에는 6가지를 제시해서 조사하라고 했다. 첫 번째 일본 영토로 한 것이 언제인지 편입날짜를 알리라 했고, 다섯 번째는 원록년에 안용복, 박어둔과 독도는 조선 땅이라 싸움 이후 독도(죽도)에 접근하지 못했던 사실 등을 보고하라는 문서이다. 이 문서를 봐도 안용복, 박어둔은 독도는 조선 땅이라 고종 이후 울릉도, 독도에 일본어선이 남의 땅이니 일본막부로부터 금지를 받았다는 것이다.

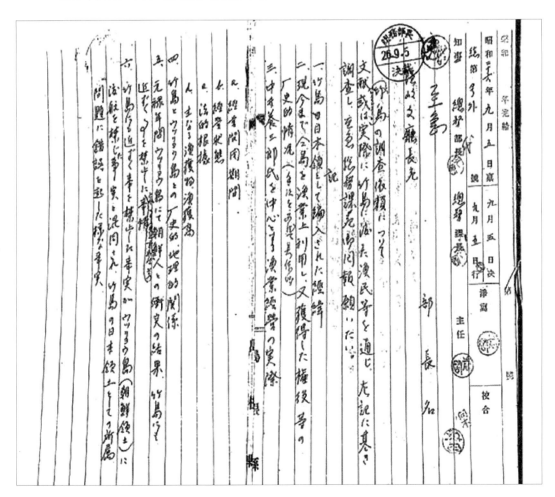

일본은 패전 후 미연합군 사령부의 지령으로 독도 접근 못했음

문 서 명 죽도(독도 어업 변천)
작성연대 소와 26년 8월 30일(1951)
문서출처 외무성 아시아국 제2과
내　　용 일본이 패전 당하고 미 연합군의 지배를 받을 때 독도에 일본어선이 못 들어가도록 스켄비677호가 내렸고 그래도 자주 들어가니 2차 스켄비1033호를 내려 어선을 막았다. 우리나라에서는 이승만 라인이 생기고 독도 의용수비대가 독도를 지키면서 일본어선을 침몰시키니 일본 어민들이 항의하는 문건이다.
　　　　다시 말해서 미 연합군이 내린 스켄비677호 1033호는 어선이 들어가지 못하도록 했지 죽도를 제외시킨 것은 아니라고 한다.

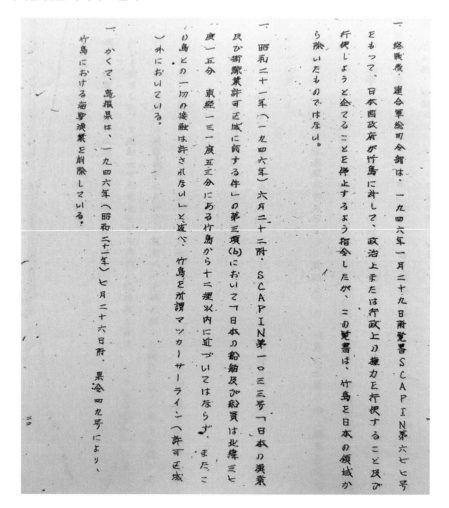

시마네현 영토 죽도 재확인에 대하여

문 서 명 시마네현 영토 죽도 재확인에 대하여

작성연대

발 신 자 시마네현 지사 가끼마츠 야스오

수　　신 외무대신 요시다 스케

소　　장 김문길 교수 사본 소장

내　　용 독도를 지킨 안용복, 박어둔이 일본인들 손에 잡혀 일본에 갔으나 안용복, 박어둔이 울릉도, 독도는 조선 땅이라 항변하니 금지령이 내려졌다. 금지령에 죽도에 들어가지 말라고 했다. 죽도는 당시 울릉도였다. 그러나 이 문서는 안용복, 박어둔 때문에 독도(죽도)까지 일본어선이 들어가지 못했다고 하는 문서이다.

漁業生産物
(一) アシカ、クヂラ、マイルカ、シヤチ、カマイルカ
(二) フカ、イワシ、サバ、イカ、シイラ、シビ、マグロ、トビウオ、メバル、ツワリ
(三) ワカメ、ノリ、ホンダワラ、スシモ、テングサ、アオサ
(四) ヨメガサラ、サザエ、カメノテ、アワビ、ニシ
本島は、元和四年以降延宝九年に至る間に米子の町人大谷氏の漁
船が竹島(ウルン島)渡航の際発見し、松島と命名したものであるが
元禄七年竹島(ウルン島)に於ける朝鮮漁民との衝突事件
の結果、竹島を元禄九年朝鮮領ウルン島として日本漁船の
渡航を禁止せられ、以後松島(リヤンコール即ち現在の竹島)に
ついても漁民が接近せず、明治に至った。
一八四九年佛国船(LIANCOURT)がこれを発見した。
明治三十年頃、隠岐島の漁民がウルン島で難破した漁船捜索
のため本島に漂執し、アシカの群棲を発見して相当の利益を
得たので各地の漁民がアシカ捕獲に従事した。
西郷(隠岐島)の人、中井養三郎もこれに従事したが、その漁猟
の独占権を得ようとして運動したが、その時リヤンコル島が
我が国の領土として確認せられてゐないことが判明し、中井氏は
政府に対して「リヤンコ島領土編入並びに貸下願」を明治三十七
年九月二十九日出願することになった。
その結果政府はリヤンコ島を領土に編入し竹島と命名した。
島根県告示第四十号
北緯三十七度九分三十秒 東経百三十一度五十五分、隠岐島を
距ること西北八十五浬にある島嶼を竹島と稱し、自今
本県所属島司の所管と定めらる。
明治三十八年二月廿二日
島根県知事 松永武吉
島根県では竹島を五箇村の区域に編入すると同時にアシカ
漁猟を許可漁業とし三十八年六月中村〔養〕三郎外三名
に対して許可を与え、合資組織の会社の共同営業体
がこの漁猟を行った。

잠깐
안용복, 박어둔 참 큰일 하신 어른이시네. 놀랐다.
(독도교육 강영철)

일본 외무성이 시마네현에 죽도를 일본 영토로 한 것이 언제인가 보고하라는 문서 발견

문 서 명 일본 외무성이 시마네현에 죽도를 일본영토로 한 것이 언제인가 보고하라는 문서 발견
작성연대 1953년 5월 1일
발 신 자 지방자치청 차관
수   신 시마네현 지사전
소   장 김문길 교수 사본 소장
내   용 이 자료가 매우 가치가 있는 것은 시마네현이 자작으로 시마네현 고시 40호가 있었다고 하는 증거인
것이다. 일본외무성이 모르고 있었다는 것은 다시 말해서 일본 정부가 모르는데 어떻게 남의 나라를
빼앗을 수 있나 하는 것이다. 이 문서를 볼 때 시마네현 고시 40호는 작성해 놓고 공포하지 않았다는
증거이다. 외무성이 몰랐다는 것은 국제법에 문제 있다. 문서를 발견하자 김문길 교수는 수년 전에
고시 40호에 현청장 직인이 없는 것을 발견한 적이 있다. 다시 말해서 40호를 작성하고 직인을 찍을
때 외무성이 반대했다는 것으로 본다. 하여튼 40호는 직인이 없는 것은 본인이 소장하고 있다. 외무
성이 모르게 시마네현이 자작으로 꾸민 것이고 오늘날 「죽도의 날」 선포는 아무 효력이 없다.

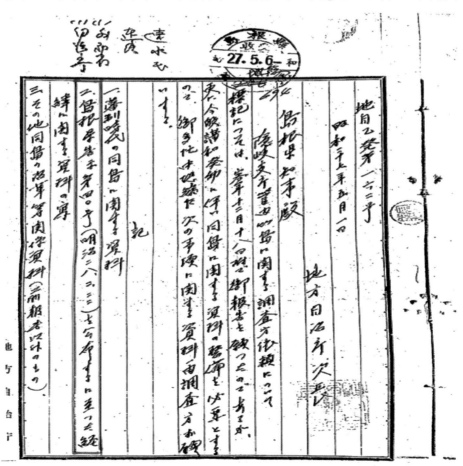

일제 통치하의 죽도독도 편입 문서

문 서 명 죽도(독도) 편입에 대하여
작성연대 1953년 9월 25일
발 신 자 시마네현 청장
수 신 오끼도주
소 장 김문길 교수 사본 소장

조선 땅 전부를 차지할 때 일제강점기에 독도를 슬그머니 일본 땅으로 했네. (독도교육 강영철)

내 용 1953년 독도 주위에 이승만 라인이 발표하자 시마네현 청장이 죽도(독도)는 언제 일본 땅으로 오끼 주민들이 편입했는지 편입날짜를 알려달라는 문서. 일국의 영토를 일본정부도 모르고 자자체 시마네현도 모르고 있었다는 것은 오끼도주가 1953년 9월 21일자로 문서 제326호로 보고하기를 편입은 1939년 4월 24일로 오끼주민들이 했다고 보고한 문서이며 전쟁 중 오끼주민들이 아무도 모르게 편입한 사실이다. 1905년 외무성 훈령 87호 시마네현 40호는 허위이고, 시마네현 '다케시마의 날' 제정은 근거없는 사실임이 이 문서에 드러났다.

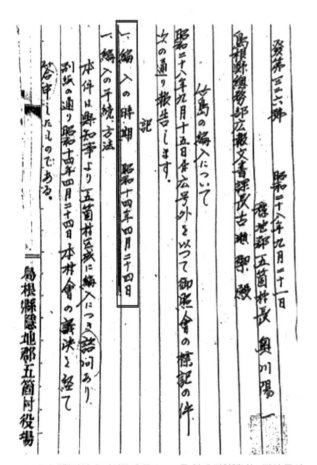

▲ 시마네현장이 오끼섬주께 죽도(독도)를 언제 편입했냐는 질의 문서

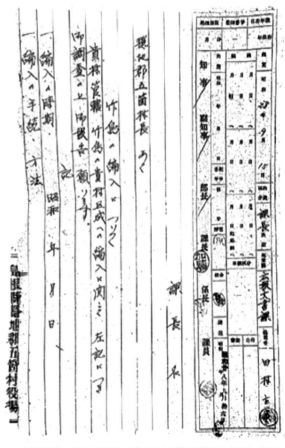

▲ 오끼섬주는 독도 편입은 소와 14년 4월 22일자로 했다는 문서

아직 일본 국토부 토지대장에는 죽도가 아니고 독도로 표기

문 서 명 토지 죽도(독도) 방어구
작성연대 1945년 11월 1일
문서작성자 오쿠라성
소 장 김문길 교수 사본 소장
내 용 해방(일본 패전) 후 오쿠라성이 독도를 국유재산에 등재할 때 독도 토지명. 부지(평수), 소재, 연혁, 인수년월일을 기재한 것을 보면 1945년 11월 1일자로(소화 20년) 독도는 69,990坪, 가격은 2,000,000엔이고 1947년 3월 1일자는 가격이 3,510,000엔으로 매겨져 있다. 2년 사이에 1,510,000엔이 올라 기재된 것이다. 여기서 재미있는 것은 토지명은 매직으로 지워져 있다. 지난 KBS, YTN에서 취재할 때 원본에는 독도라 되어 있지만 매직으로 지우고 취재하도록 했다. 원본은 아직 죽도가 아니고 독도로 되어 있다는 것을 보도했다. 보도된 뉴스에도 독도로 기재된 것이다.

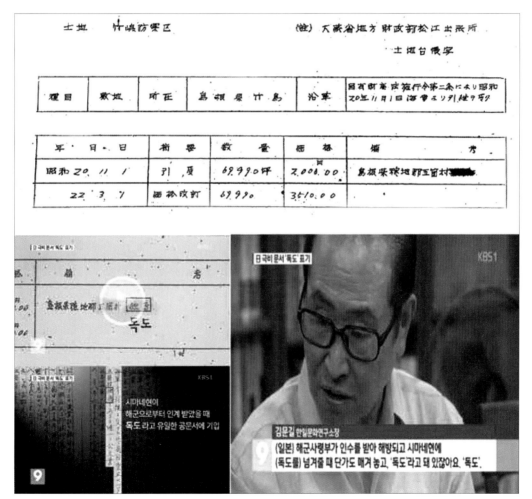

강치 잡아 일본 왕궁에 보냄

문 서 명 강치 잡아 일본 왕궁에 보냄
작성연대 명치 40년 7월 21일
보낸사람 죽도어렵합자회사
대　　표 나카이 요사부로
내　　용 독도에 와서 물개를 밀업하여 장사를 할 때 일본 돗토리, 시마네현 지사를 통해 해마(海馬 : 강치)를 동궁(일본 왕궁)에 보내고 고기는 약제로 사용하고 가죽은 피업으로 사용함에 경비 등을 이야기하는 문서이다.

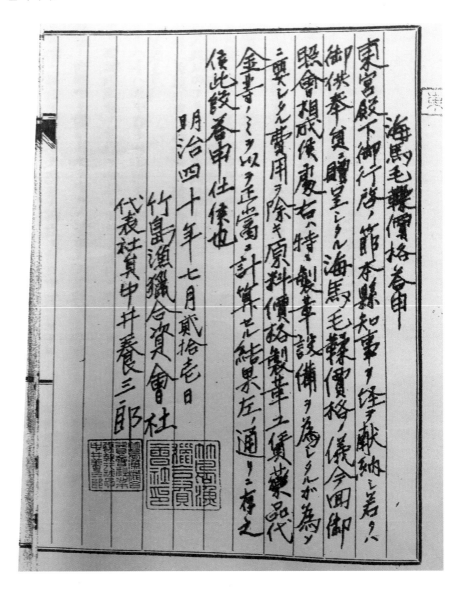

일본인들이 강치 씨를 말렸다

내　　용　1905년 5월 14일 일본 돗토리 지방 신문인 『사인신문』(山陰新聞)에 보도하기를 독도에 강치를 일본 어선이 너도나도 너무 잡는다. 강치는 5월, 6월은 배란기라서 육지에 올라올 때 함부로 잡으면은 씨를 말린다. 7, 8천 마리 서식하지만, 산란기에 한사람이 연간 6, 7백 마리 잡는다면은 5년 가서는 한 마리도 없다고 시민들이 탄원서를 내기까지 했다. 그래서 독도는 강치가 없다. 있는 것도 기후에 따라 수컷이 있는 북해도 소련 영역으로 도망가고 강치는 한 마리도 없다. 가끔 나타나는 것은 강치가 아니고 다른 종자 물개이다.

山陰新聞 1905년 5월 14일

▲ 산요신문 1905. 5. 14

日, 울릉도 수목樹木 약탈해 절寺 기둥 사용 문서 발견

東本願寺のケヤキの大柱は明治初年岩崎弥太郎が持って行ったという。(肉牛)

鬱陵島では朝鮮人の牛を神戸から取りに来ていた。

鬱陵島からラッコーはよく見える・高い山に上らなくても、小高い所からよく見

え(た)。天気のよい曇らぬ日にはばっきり見えた。三角形が二つ見えた。

漁業権の関係で鬱陵島からラッコーには一般の漁民は行かなかった。オクムラ

が酒沢でアワビとりに毎年行くのと、マツダがワカメ刈りに明治から昭和まで、ときど

き出かけていた。

トウドウが昔し倭人館といわれて日本人の住んでいたところだ。築港のとき

石碑が出て、公会堂前に建ててあった。三瓶営将が来たと書いてあった。

静岡県磐田市大宮の早馬十一(が島司兼警察署長だった。光州署から

引揚げたが、資料等は沢山もっていると思われる。

瀬川清子の海女の記に、明治初年に伊勢の海女が竹島へ行ったとあったと

大きなランコのアワビを持っていた。一尺位あったので

菓子鉢にするつもりだったが置いて来た。今もあるが、檀

檀木の千年位のものを妻の実家にやって来た。檀木は、また沢山

あった。

▲ 하야미 야스다카 씨가 조사 보고한 울릉도에서 자란 마노 시게미쓰 씨 증언 관련 문서 /김문길 한일문화연구소장 제공

일본의 유명사찰인 히가시혼간지(東本願寺)의 큰 기둥이 메이지(明治) 초기 일본인 이와사키 야타로(岩崎彌太郎)가 울릉도에서 벌목해간 것이라는 주장이 제기됐다.

히가시혼간지는 교토 역 앞에 위치한 일본 최대 불교종파인 신슈오타니파(眞宗大谷派)의 본사로, 일본에서 가장 화려하고 웅장한 절로 꼽힌다. 이 절의 기둥은 울릉도산 케야키(느티나무·학명 Zelkova serrata Makino)로 지었다는 것.

한일관계사를 연구하는 김문길 한일문화연구소 소장(부산외대 명예교수)은 2일 "울릉도에서 소학교를 다녔던 일본인 마노 시게미쓰(眞野重光) 씨의 이 같은 생생한 증언을 담은 문서가 발견됐다"고 밝혔다. 김 소장은 "이 같은 문서를 발견하고 지난해 12월 일본에 건너가 히가시혼간지 신도들을 만나 면담한 결과 '이 사찰의 큰 기둥은 울릉도에서 가지고 왔다'고 했다"며 "일본 큰 사찰의 기둥은 대다수가 울릉도에서 왔다고 털어놓았다"고 말했다.

시마네현청은 지난 1953년 7월(쇼와 28년) 고위 지휘관 하야미 야스다카(速水保孝)를 울릉도에 파견했다. 독도의용수비대(1953년 4월 20일~1956년 12월 활동)가 일본어선을 포격, 한일간에 외교 문제가 일어나자 독도가 어느 나라 땅인가를 다시 조사해, 한국 외무부에 긴급회담을 요청하기 위해서였다.

하야미 씨는 울릉도를 방문, 고문헌 고지도를 조사하고 독도에 와서 고기를 잡았던 역대 어부들의 의견과 일제 통치하에 울릉도에서 자라난 이들을 찾아 독도에 관한 상황과 울릉도에 살았던 이들의 당시 생생한 경험담을 듣고 문서를 만들어 시마네현청에 보냈다. 이 문서에는 아버지가 울릉도 소학교 교장으로 3살 때인 메이지 말부터 울릉도에서 자랐다는 마노 시게미쓰 씨의 증언이 나온다. 마노 씨는 "명치 초년 이와사키 야타로가 울릉도에서 느티나무를 벌목, 일본으로 가져갔다"고 말했다. 뿐만 아니라 울릉도 어업은 오징어와 고등어 잠수부는 일본인이 오야카다(주인)이고 일본인 조선인이 반반 정도 일했으며, 조선인은 기술을 몰라 밑에서 일했다는 등 당시 울릉도에서 일한 일본인의 생활이 자세히 기록돼 있다는 것.

김 소장은 "당시 울릉도에 사는 일본인은 대부분 시마네현에서 건너온 어부들로 이들은 고기잡이뿐만 아니라 울릉도 나무를 무차별로 벌목해 일본으로 운반해가 사찰 건축에 사용했다"며 "일본 사찰의 기둥에 대한 역학 조사가 필요하다"고 말했다.

김성식 산림청 국립수목원 "우리나라 고대 건축은 소나무 외에 느티나무, 밤나무 등 굵게 자란 나무를 사용, 기둥이나 대들보를 보면 이러한 사실을 확인(사찰이나 서원 등)할 수 있다"며 "추측건대 일제도 울릉도에 자생했던 큰 나무를 일본 건물을 짓기 위해 수탈해 갔다고 생각한다"고 말했다.

2018년 2월 2일 경북매일 (울릉 / 김두한 기자)

眞野重光（益田市安田中学校教諭）

三才くらいから明治末から鬱陵島で育った。父は小学校長、京城師範
六年大卒で小学校教師十年、再び鬱陵島で学校教師、終戦後日本へ引
揚げた。

少年時代、現地の日本人は、鬱陵島を竹島といっていた。
リャンコ島は「ランコー」と呼んでいた。
小学生の自分は、海図で鬱陵島が松島となっていることを知っていた。
蔚珍や竹辺湾の海岸から鬱陵島は見えない。高い山に上れば鬱陵島は
見える。海上からは半分位出なければ鬱陵島は見えない。鬱陵島は△に見える。
漁業は、イカ、カバ潜水で日本人が親方で、日本人朝鮮人を半々くらい使っていた。朝鮮人
は技術を知らないので下働きをやっていた。朝鮮人が親方で朝鮮人を使って漁をやり出し
たのは昭和十年ころからで、それに二三人だけだった。
日本から来る漁民は隠岐丸が廻航して大漁のぼりなどでかざって入港した。隠岐の
人間の外に浜田、仁方の方面のものもいた。殆んど島根県人ばかりだった。
山は森林業者というほどどぶなく、きこりで、銘木（ケヤキ、オウバリ、ジャクダン）を取扱っていた。

죽도독도 빼앗기 대마도 때문 일본자위대 조직

문 서 명 죽도(독도 빼앗기) 대마도 때문 일본자위대 조직

작성연대 1953년 9월 11일『아사히신문』보도

신문소장 일본 각 대학 도서관 사본 김문길 교수 소장

내　　용 방위계획 때문에 미국 출장 간 이케다 씨 귀국참가

당시 수상 스케미츠(重光)는 이렇게 두어서는 잇기 대마도도 위험하다 선포. 국토 지킬 군인이 없으니 죽도에 조선인이 불법 점령하고 일본어선을 침몰시킨다고 노발대발 독도에서 일어난 도발을 방어하기 위해 군대 조직 그것이 자위대이다. 미국, 일본 수뇌회담 열어 선포했다.

독도뿐만 아니라 이승만 대통령 대마도를 내놓아라 하니 일본 정부는 강한 군대를 조직하여 방어했다. 지금도 세계 강군으로 자랑한다.

일본어선이 독도에 와서 생활할 때 독도 의용수비대 33인이 일본어선을 쫓아내고 우리 영토가 된 것은 참으로 놀라운 사실이다. 독도 의용 33인 때문에 일본자위대 조직을 했다.

壱岐・対馬も危し

重光総裁　自衛軍の必要強調

①
改進党の現光総裁は十日午後衆院第二議院会議で、記者団と会見し、韓国の日本漁船捕獲問題および国家防衛についてのべたが、そのなかで重光総裁は「韓国の日本漁船捕獲の問題などが起るのは日本が自衛軍備を持たないからで、このままでは壱岐、対馬でも同じような事形が起るかも知れない」と国家防衛に対する政府の態度に強く反省を求めて自衛軍の創設を強調した。

重光総裁の談話要旨次の通り。

一、政府はこれまで自衛軍備を持つことを否認し続けて来たが、自衛軍備を否認する国が他国の仲裁に訴えようとしているのは自衛軍備を持つ気力すらない国の言い分が果して通るだろうか」と国家防衛に対する政府の腹度に強く反省を求めて自衛軍の創設を強調した。

報を発するとともに「政府は日本漁船の捕獲問題を第三国の仲裁に訴えようとしているが、自衛の気力すらない国の言い分が果して通るだろうか。

一、政府はこうした問題について他国の仲裁に訴えて解決しようとしているが、自衛の気力すらない日本領土の竹島まで手をつけようとしている。このままでは壱岐、対馬に朝鮮の軍隊がいつ上陸してくるかも知れない。その場合、日本は自衛軍備を持っていないから韓国の軍隊に対しては手を上げなければならない。

②
サンフランシスコ平和条約でも独立国として国家固有の権利を放棄するならば政府の態度は国家の独立権を放棄するということになる。

一、われわれの主張する自衛軍備は国土防衛を目的とし、国力に相当する限度のものとしている。もちろん旧軍隊のような軍備を持つ "再軍備" には反対であるが、こうした自衛軍備を持つことによってわれわれの祖国を防衛し、公海においても漁船を保護せんとするものである。

一、独立国が自衛権を持ち、自衛軍備を備えるのは当然のことで、自衛権をも否認するとはだれもいわなかった。ところが、われは "自衛軍備は保持してはならぬ" "保安隊は警察隊である" と教えられて来ており、日本漁船が公海上で他国からとられること甘んじて受け、領土を他国から占領されるのを黙認しようとしている。もしこの上、政府が占領海に...

独領政治の犠牲によって自衛軍備の立国として国家固有の権利を放棄するならば政府の態度は国家の独立権を放棄するということになる。

その調印の時にも日本国憲法第九条が自衛権をも否認するとはだれもいわなかった。

잠깐

아이구, 독도 대마도 지키기(빼앗기) 위해 자위대가 발족?
세계 전력을 자랑하는 일본 자위대.
(독도교육 강영철)

일본인, 부산에서 독도는 한국 땅 기자회견

일본 지성인들 "독도 문제는 역사인식 문제"

'반 다케시마 모임' 회원, 부산서 기자회견… '독도의 날'도 재검토 주장 22일 일본인 최초로 독도 입도 예정

▲ 일본 대학교수 등 "다케시마의 날 반대" 기자회견 (부산=연합뉴스) 차근호 기자=대부분이 대학교수로 구성된 일본 시민단체 회원들이 21일 부산을 방문해 '다케시마의 날·평화헌법 개정 반대' 기자회견을 열고 자신들의 의견을 주장하고 있다. (2013. 5. 21)

최근 일본이 노골적으로 독도 영유권을 주장하면서 한·일 관계가 경색국면에 처한 가운데 일본의 역사학자 등 지성인 4명이 부산에서 '반 다케시마 기자회견'을 열었다.

일본의 역사학자 등으로 구성된 '다케시마를 반대하는 시민모임' 회원 4명은 21일 오전 10시 30분 부산시청에서 기자회견을 열고 '독도 문제는 영토문제가 아니라 역사문제'라고 주장했다.

이 모임은 지난 4월 일본 내 역사학자, 종교계, 시민단체 일부 인사들이 결성한 단체로 우리나라의 민족학교 독도 학당의 초청으로 방한했다.

이날 회견에는 구보이 노리오 모모야마 학원대학 전 교수, 구로다 요시히로 쇼인 여자대학 전 교수, 사가모도 고이시 규슈국제대학 전 교수, 이치노혜 쇼코 아오모리 군소사 스님 등 4명이 참석했다.

구보이 노리모 전 교수 등 전직 교수 3명은 모두 역사를 전공한 일본의 학자이자 현재 다케시마를 반대하는 모임 위원을 맡고 있고 이치노혜 쇼코 스님은 모임의 이사로 활동하고 있다.

구보이 노리모 전 교수는 "우리는 독도문제가 영토문제가 아니라 역사문제로 인식하고 시마네현의 '독도의 날' 지정을 재검토하자는데 뜻을 같이한다"고 말했다.

▲ 일본 대학교수 등 "독도는 한국땅"

(부산=연합뉴스) 차근호 기자 = 대부분이 대학교수로 구성된 일본 시민단체 회원들이 21일 부산을 방문해 '다케시마의 날·평화헌법 개정 반대' 기자회견을 열고 독도가 한국땅이라는 증거를 뒷받침 하는 증거를 제시하고 있다. 2013.5.21 ready@yna.co.kr

그는 "일본이 러·일 전쟁 때 전쟁을 유리하게 이끌기 위해 독도를 점령했으며 이 때문에 일본 정부가 독도문제를 영토문제로 간주하고 있다"고 주장했다.

그는 "영토문제로 보면 상대국(한국)을 적대시하는 것이며 적대관계가 발생할 수 밖에 없다"며 "일본 정부가 영토문제로 간주하려는 것은 반성은커녕 한국 침략을 미화하는 것이며 시마네현의

'독도의 날' 지정도 일본의 영토주의 사상에서 비롯된 것"이라며 비난했다.

이어 "우리는 대립이 아니라 평화와 우호 속에서 우의를 다져나가야 한다"며 "독도문제를 역사 문제로 볼 때 비로소 두 나라 간에 이야기할 수 있다"고 강조했다.

그는 "어린이를 비롯해 일본 국민을 위해 역사인식 문제에 대해 바르게 고쳐나가야 한다"며 "일본 정부의 주장이 옳은 것이 아니라는 것을 알려나갈 것"이라고 밝혔다.

이들은 또 "독도와 울릉도가 일본 땅이 아니라는 것을 보여주는 1770년대의 '일본흥지로정전도(日本興地路程全圖)'라는 고지도가 있다"며 사본을 공개했다.

이들은 이 지도에 대해 "'나가구보'라는 인물이 1775년 제작했다가 당시 막부에서 다시 만든 지도"라며 "1775년 초판에 독도와 울릉도를 일본땅으로 표기했던 것을 막부가 '독도와 울릉도는 조선땅'이라며 회수해 1875년 개정판을 만들었다"고 주장했다.

지난 20일 부산을 통해 방한한 구보이 노리모 교수 일행은 이날 기자회견에 이어 22일 일본 국민으로서는 최초로 독도를 찾을 예정이다. 〈사진 있음〉

부산 연합뉴스 (신정훈 기자)

독도 연구 학자 김문길 교수도 대단하네. 일본인들을 데리고 와서 독도는 한국 땅이라 선언하고 독도에 데리고 가서 "독도는 한국 땅" 외쳤네.
(독도교육 강영철)

일본인 3인 독도 방문, 독도는 한국 땅이라 외침

일 시 2013년 5월 20일부터 23일
일본인 수명

방문목적 일본인들이 김문길 교수와 같이 독도는 일본 땅이 아니라 조선 한국 땅이라는 연구 그룹을 조직했다. 지금 한 200명은 회원으로 가입하고 인터넷에 희망자는 2,000여 명이 된다는 이야기를 들었다. 일본 지식인들이 독도는 고금 이래 조선영토란 사료를 발굴하고 있다. 일본 정부를 보고 조선 영토임을 확실히 말하고 정기 모임도 하고 있다.

일본인 3人 "독도는 한국땅"

▲ 23일 오전 독도를 방문한 일본인 3명과 중국, 몽골 유학생 등이 "독도는 한국땅"이라고 외치고 있다.(2013. 5. 23. 독도=연합뉴스 김선형 기자)

"동해는 조선해, 일본해는 일본서해"라 적힌 일본 고지도

4강에 둘러싸인 한반도의 운명이 요동치는 요즈음 한 치의 땅이라도 지키기 위해 애쓴 선열들의 발자취를 따라가며 그분들의 고귀한 희생정신과 나라 사랑 정신을 본받으려는 모임이 있습니다. 해양영토는 육지의 5배나 됩니다. 삼면이 바다인 한반도 바다를 지키기 위해 애쓴 선열로는 남해의 이순신 장군과 동해의 이사부 장군을 들 수 있습니다. 기자는 국내 유일범선인 코리아나호를 타고 이사부기념사업회원들과 함께 울릉도와 독도를 방문한 내용을 기록하고 있습니다. – 기자 말

▲ 김문길 교수가 일본 고지도인 〈대일본사신전도〉 사본을 보이며 설명하고 있다. 지도 속에는 한국의 동해 부분에는 '조선해', 일본 쪽 바다는 '일본서해'라고 적혀 있었다. ⓒ 오문수

지난 3일 오전 10시, 이사부기념사업회가 주최한 '2017 제10회 삼척—울릉도·독도 이사부항로탐사 안전기원제 및 출항식'을 마친 울릉도 독도 탐사대는 오후에 시범항해에 나섰다. 코리아나호에 승선한 탐사대원들 앞서 선상 강의를 한 김 교수는 이날 "동해는 조선해, 일본해는 일본서해"라고 적힌 일본 고지도를 공개했다.

 정체호 선장(회장) 코리아나도 우리나라 유일한 범선을 가지고 독도 지키는데 한몫 하네요. (독도교육 강영철)

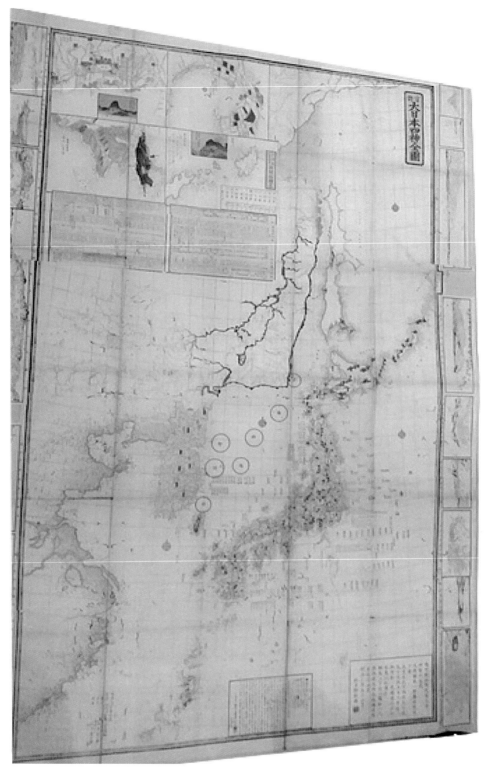

▲ 일본고지도인 〈대일본사신전도〉. 한국의 동해에 해당하는 부분에는 '조선해' 일본 쪽은 '일본서해', 남쪽에는 '일본남해', 동쪽은 '대일본동해'라고 적혀 있다. 사할린 지역을 살펴봤지만 '일본북해'라는 글귀를 찾을 순 없었다. ⓒ 오문수

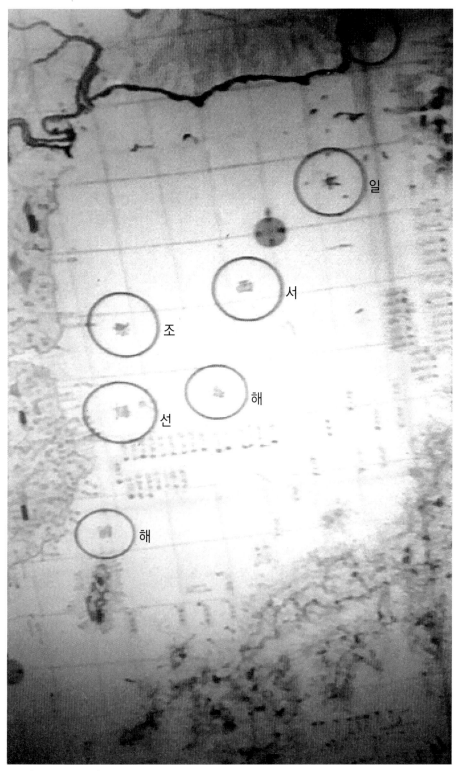

▲ 일본고지도인 〈대일본사신전도〉. 왼쪽 동그라미 3개 안에는 조선해라고 적혀있고, 오른쪽 동그라미에는 일본서해라고 적혀 있다. 이미지를 좀 더 확대했지만 선명하진 않았다. 학자들이 자료를 모아 밝혀내야 할 부분이다. ⓒ 오문수

이 일본 고지도는 〈대일본 사신전도〉다. 지도를 그린 하시모토 쿄쿠란사이는 에도시대 화가다. 하시모토 쿄쿠란사이는 북해도 동해 연안을 답사하면서 1869년 10월 명치 신정부가 허가한 지도(官許)를 그렸다.

수개월의 노력 끝에 완성된 이 지도에는 한일 관계에 파장을 끼칠 사실이 담겨 있었다. 한국과 일본은 바다 명칭을 두고 싸우고 있다. 한국이 동해라고 부르는 바다를 두고 일본이 일본해라고 부르기 때문이다. 한국이 수차례에 걸쳐 동해 명기를 요청했으나 세계해상기구는 이를 묵살했다. 일본이 서해라는 방위개념을 버리고 명치 신정부 시절 일본해로 정한 뒤 세계수로기구에 등록했기 때문이다. 일본이 세계수로기구에 등록한 시기는 1920년으로 일제강점기에 해당한다.

그런데 이 지도는 일본해가 아니고 '일본서해'라고 명기돼 있다. 당시 일본은 방위 개념에서 '일본서해'라 하고 한국 동해 바다는 '조선해'로 기록해놨다.

김문길 교수는 "이 지도는 일본 지도학자가 그린 지도다. 명치 신정부는 전에 방위개념으로 쓰다가 러일전쟁 때부터 방위개념을 버리고 일본해로 쓰고 있다"라며 "따라서 우리나라도 방위개념에서 벗어나 동해의 명칭을 조선해나 한국해로 써야 한다. 이 지도는 일본 박물관에 세 점이나 있다"라고 말했다.

▲ 코리아나호에서 울릉도 독도 탐사대원들에게 강의하는 김문길 교수 모습. ⓒ 오문수

일본 국립교토대학을 연구하고 고베대학 대학원에서 한일관계사를 전공한 김문길 교수는 부산외국어대학에서 일본어를 강의했다. 퇴직한 그는 20년째 일본에 거주하면서 일본인들에게 한일관계사를 강의하고 있다. 그와 대담이 계속됐다.

— 언제부터 독도관련자료를 수집했나.

"원래 고등학교 교사를 하다가 일본으로 유학가 일본사 전공하며 한일관계사를 본격적으로 연구하는 동안 독도관련 자료를 많이 찾아냈다."

— 자료수집이 쉽지 않았을 텐데 어떻게 수집했나.

"일본유학시절 친구들이 있었고 대부분 도서관장직을 맡고 있어 쉽게 찾아낼 수 있었다."

— 장래희망은 무엇인가.

"죽을 때까지 우리의 억울한 역사를 찾아내 우리의 정체성을 밝히는 데 최선을 다하겠다."

일행과 함께 지도를 살펴보는 동안 김 교수도 미처 발견하지 못한 자료가 나왔다. 일본의 동쪽 바다는 '대일본동해', 일본 남쪽 바다는 '일본남해'란 글씨가 희미하게 보였다. 사할린 위쪽을 살펴보며 '일본북해'를 찾기 위해 살펴봤으나 돋보기가 없어 미처 찾지는 못했다. 김 교수는 "내가 미처 발견하지 못했던 사실을 발견했다"라며 놀랐다.

2018년 8월 13일 오마이뉴스 (오문수 기자)

잠깐 김 교수란 연구자도 대단하다. 일본이 꼭꼭 숨겨놓은 것을 찾아내고, 강연도 하러 다니니 대단하다. 지난 2016년도는 보훈청 독도 강연 교수로 선정되어 전국 100번이나 강연했다니 놀라겠다. (독도교육 강영철)

바다의 날 앞두고 일본인 작성한 '동해' 사료史料 처음 공개

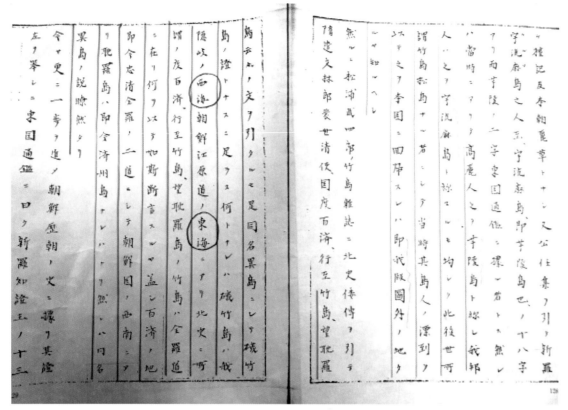

▲ 동그라미 안에 일본에서는 서해, 조선에서는 동해라고 쓴 사료/ 김문길 소장 제공

오는 31일 바다의 날을 앞두고 일본인이 작성한 일본 외무성 보존문서에 동해가 '조선의 동해'로 표기한 사료가 처음 공개됐다.

일본역사 전공한 김문길(한·일 관계사 일본박사 취득) 한·일 문화연구소장이 25일 본지에 처음을 제공했다. 이 문헌은 일본외무성 내각문고에 소장된 '희귀한 사료'라고 김 소장은 밝혔다.

지금까지 울릉군 독도연구와 바다를 연구하는 전문가들도 모르는 사료로 일본의 외무성 사료 담당자들도 처음 보는 문헌이라고 말했다고 김 소장은 전했다.

이 사료의 명은 '다케시마 판도 소속고(완)'(竹島 版圖 所屬考(完))으로 출판연도는 명치 14년(1904) 8월 20일 사료 기록자는 일본인 '기타 쟈와 마사나리'(北澤 正誠)이다.

기록을 생산 이유는 일본이 명치 전후로 각 섬에 어부들이 울릉군 독도를 일본 영토로 편입을 희망하자 정부(일본)는 어떻게 해야 좋은지 사료를 조사했다.

고대로부터 명치기까지 사료를 조사 한 일본인은 향토사를 연구한 '기타 쟈와 마사나리씨'. 기타 쟈와씨가 쓴 사료는 마쓰우라다케 사부로(松浦 武四郎)가 조사한 '북사 왜전'(北史倭傳)을 보면 중국 청나라 사절단으로 올 때 백제 지역을 들렀다.

죽도는 탐라국(耽羅國)에 있다고 기록했지만 이것은 동명이도(同名異島)이다. 죽도(독도·문헌에는 '이소 타케시마')를 증명하는 데는 부족하다. 아무튼, 죽도는 일본에서 보면 서해(西海) 있고 한국에서 보면 동해(東海)에 있다.

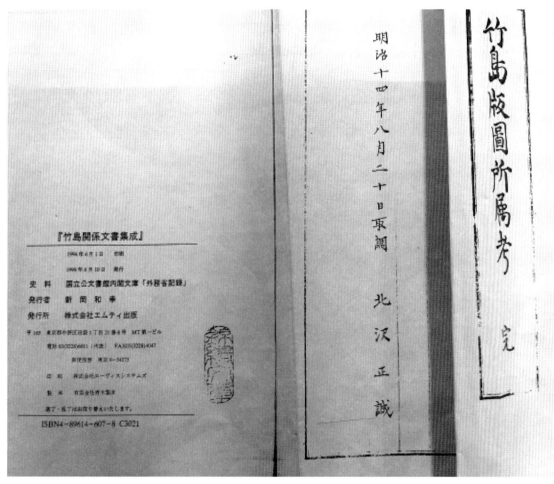

▲ 일본에서는 서해, 조선에서는 동해라고 쓴 사료의 표지 /김문길 소장 제공

청나라 사절단이 말한 것을 마쓰우라가 쓴 '북사왜전'은 죽도는 침라도(제주도)에 있고 제주도는 전라도에 속한 것이다. 제주도에 죽도는 동명이도 이다. 따라서 이 문서에 중국 사절단이 말한 기록문은 잘못된 것이라고 기록한 사료다.

김 소장은 "러일 전쟁을 앞두고 나카이 요사부로가 독도를 죽도라 하고 편입을 하려하자 일본은 독도(죽도)는 조선에서 보면 동해에 있고 일본에서 보면 서해에 있다고 확실히 말한 것이다. 이런 사료는 지금까지 없었다"고 말했다.

김 소장은 "6월은 바다에 달이고 IHO(국제 수로 기구)는 바다 명칭을 두고 싸우고 있다. 우리나라는 동해라 고집해 오다가 이제는 동해, 일본해로 병행하자고 싸운다. 일부는 병행 사용하고 있다"고 말했다.

하지만 "바다의 명칭은 원래 방위개념으로 정해 왔다 그러나 러·일 전쟁 때 일본은 방위개념을 버리고 일본해로 정해 지금까지 쓰고 있다 우리도 방위 개념을 버리고 조선해 또는 한국해로 해야 한다. 고지도 고문헌에는 조선해 한국해로 된 것이 수십 건이 있다."고 주장했다.

2020년 5월 25일 경북매일 김두한 기자 (kimdh@kbmaeil.com)

 러·일 전쟁 때 일본은 서해바다를 일본해로 했으니 우리도 방위 개념 버리고 한국해로 해야 한다. (독도교육 강영철)

일본 고지도에
독도 대마도 우리 땅

조선팔도총도

지 도 명 조선팔도총도   제작연대 1742년   제 작 자 마쯔바라 마사에이
크   기 275×205㎝   소   장 김문길 교수 사본 소장
내   용 임진왜란(전쟁) 후 마쯔바라는 도요토미 히데요시가 전쟁 시 승전한 곳을 지도를 남기고 조선 전지에
         서 문화인이 붙잡혀 온 곳을 하나하나 기록한 지도이다. 이 지도에 울릉도 우산도가 기재되어 있고
         방위개념이 일본해가 아니고 동해라고 명확히 기록되어 있다. 임진왜란 전쟁 시에도 독도는 우산
         도라 일본 무사들이 말했다.

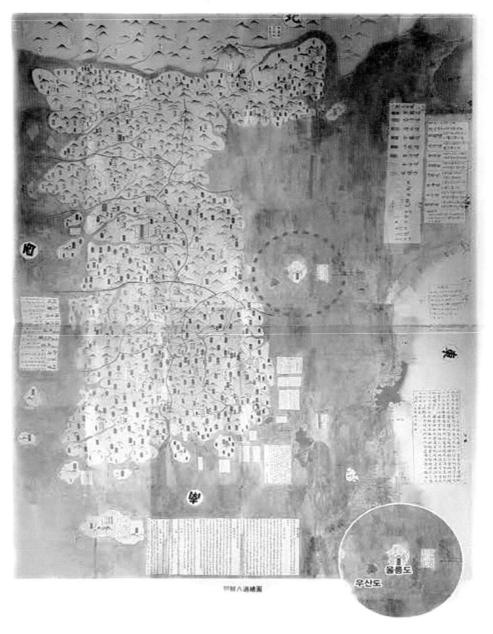

조 선 고 도

지 도 명 조선고도(朝鮮古圖)　　　**제작연대** 1592년경　　　**제 작 자** 가와카미 히사쿠니(川上久国)

크　　기 104×70㎝　　　**소　　장** 김문길 교수 사본 소장

내　　용 1592년은 임진왜란 전쟁 때이다. 가와카미 히사쿠니는 전쟁 때 작전사령부의 지리학자이다. 임진
왜란 시 그의 아버지는 사츠마한의 번주 시마즈 요시히로께 조선 전투에 지리를 가르쳤던 지리학
자였다. 아들 가와카미는 직접 전투에 지도를 그린 사람이다. 임진 전쟁 시 조선의 지리를 미리 연
구하고 왜병들이 침략했다는 것이다. 이 지도는 조선에 있는 각 지방의 요색지를 잘 그린 지도이고
산맥 또는 인구가 많은 읍지와 조선 지방성이 잘 그려져 있다. 임진 전쟁은 바다를 위시해서 섬들
이 잘 그려져 있는 것이 특징이다. 경상도 위에 울릉도 우산도가 선명히 기록되어 있다. 대마도도
조선도에 들어 있다.

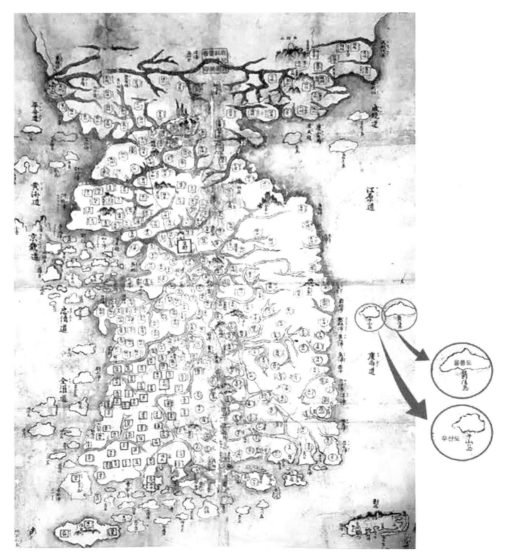

황명여지지도

지 도 명 황명여지지도(皇明輿地之圖)　　　제작연대 16세기　　　제 작 자 김계오(金鷄吳)

크　　기 50×35㎝　　　　　　　　　　소　　장 김문길 교수 사본 소장

내　　용 이 지도는 너무 희귀한 지도이다. 중국의 지도학자가 그린 황명여지지도에는 독도는 장각(長脚)이라
　　　　　한다. 장각은 긴 다리란 뜻이고 울릉도는 장비(長臂)라 적고 있다. 장비는 긴 팔이라는 뜻이다. 대마
　　　　　도는 술비(戌臂)라 했다. 술비는 수위란 뜻이니 한일 간에 출입하는 문(섬)이라 한다.

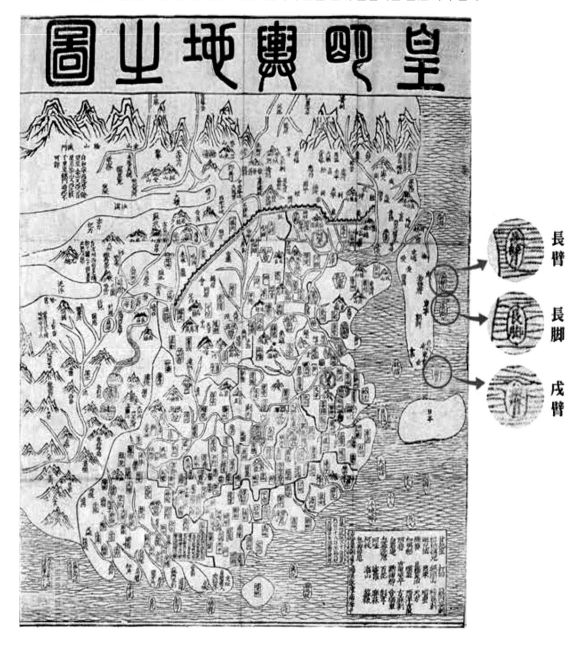

일본해산조륙도

지 도 명 일본해산조륙도(日本海山潮陸圖)
제작연대 1691년
제 작 자 이시카와 유센(石川流宣)
크　　기 81.3×170.8㎝
소　　장 김문길 교수 사본 소장
내　　용 이시카와는 그림을 그린 사람이며, 일본 무사들의 지배지, 성곽, 석고(石高)의 위치를 상세히 기록한 것이다. 이 지도 위쪽(빨간선)에는 일본 시마네 반도 북쪽에 위치한 오키섬 오른쪽에 울릉도와 독도를 합친 섬이 그려져 있고 이 섬에는 한당(韓唐)이라고 표기돼 있다. 한당 오른쪽이 북(北)해. 규슈지방의 바다는 서(西)해. 일본 동해는 남(南)해. 동북지방을 동(東)해라 기록하고 있다.

한당은 조선국이란 명칭이다. 임진왜란 때부터 일본인이 부르는 명칭이다.

(사본은 김문길 교수가 소장)

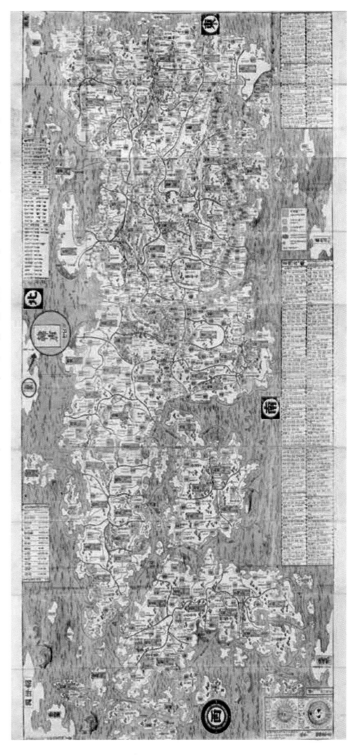

부상국지도

지 도 명 부상국지도(扶桑國之圖)   **제작연대** 1666년   **제 작 자** 나카바야시 끼치베이
크   기 90×108㎝   **소   장** 김문길 교수 사본 소장
내   용 〈남담부주상과 만국지도〉와 같이 울릉도 독도를 같이 그린 것이다. 명칭도 「한당」이란 뜻이다. 한
당 옆에는 북해바다란 의미로 北자가 있다. 東은 북해도쪽에 있다. 조선지도 제주도에 남해라 해
서 南이란 글자가 있다. 이 지도는 일본 막부가 각 지방 무사들의 송출을 상세히 기록한 것을 이 지
도 밑에 설명이 붙어있다. 역시 울릉도, 독도는 「한당」 한국 땅이란 뜻.

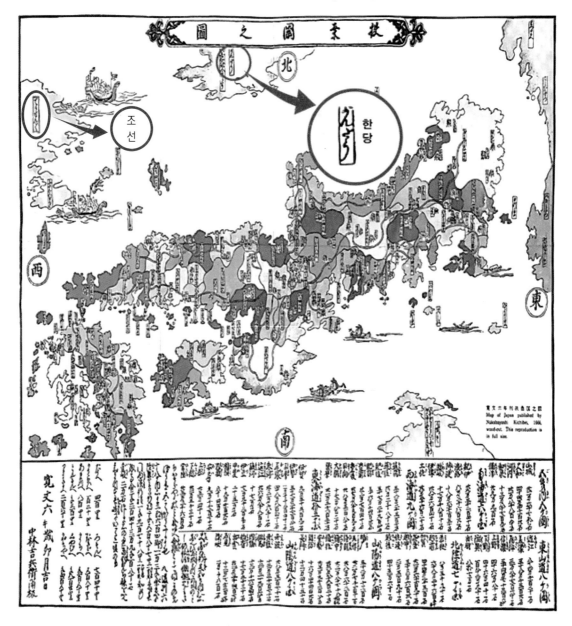

지나조선고지도신라, 고구려, 백제, 조구역지도

지 도 명 지나조선고지도(신라, 고구려, 백제, 조구역지도)   제작연대 1600년   제 작 자 미상
크   기 31.9×41.4㎝   소   장 김문길 교수 사본 소장
내   용 삼국시대 지역 영역표시를 명확하게 그린 지도. 울릉도를 우산국(于山國)이라 하고 대마도도 조선
         땅이란 의미로 조선영역에 있다.

팔도총도

지 도 명 팔도총도　　　제작연대 1683년　　　제 작 자 미상

크　　기 124.0×90.5㎝　　　　　　　소　　장 김문길 교수 사본 소장

내　　용 군, 현, 병영, 수영, 관찰사를 상세히 기록. 우산도(독도) 바른 위치에 있고 대마도는 어느 지도보다
　　　　크게 그려져 있다.

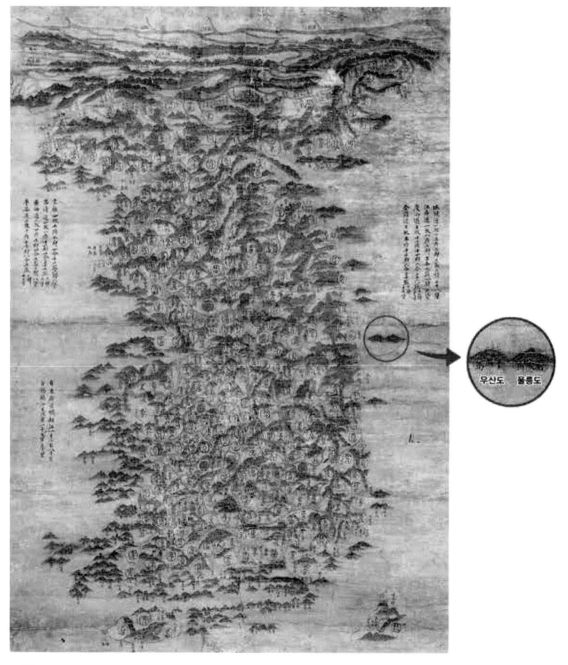

사군이부한 시분계지도

지 도 명 사군이부한 시분계지도   제작연대 1684년 초반   제 작 자 미상

크   기 41.8×33.2㎝   소   장 김문길 교수 사본 소장

내   용 이 지도는 「조선강역총도」에 들어있는 지도. 고대 한사군(漢四郡), 삼한(三韓), 삼국(三國)시대 지명이
         잘 그려진 것. 대마도는 이때부터 조선 영역에 넣어놓고 그려진 것. 于山島를 羽山島로 표기했다.

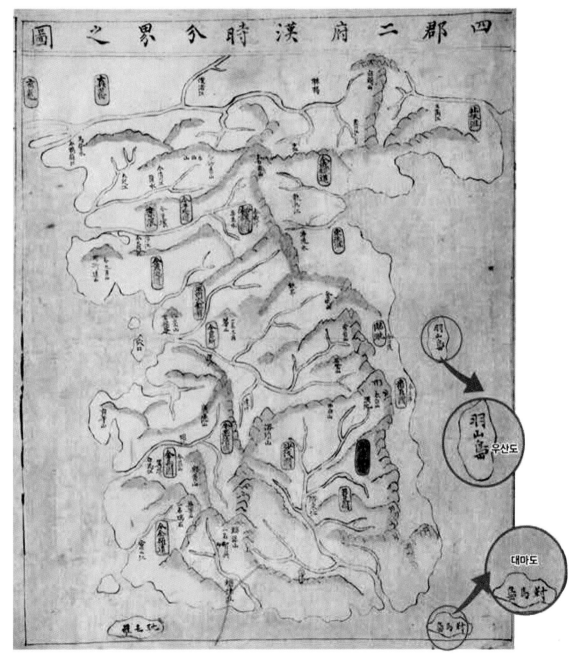

일본제국도

지 도 명 일본제국도 제작연대 1715년 제 작 자 네덜란드 사람. 동양학을 연구한 학자 레란드(Reland Adrian)
크   기 36.3×43.8cm   소   장 김문길 교수 사본 소장
내   용 네덜란드 동양학을 했던 레란드가 1715년에 그린 「일본제국도」를 보면 「한당」이라 기록하고 있다.
        이 지도에서 「한당」은 울릉도, 독도를 말한다. 일본 각지의 지명도 한자로 표기하여 유럽사회에 알렸다.

남첨부주만국장과지도

지 도 명 남첨부주만국장과지도(南瞻部洲萬國掌菓之圖)   제작연대 1710년   제 작 자 로우가시(浪華子)
크   기 144.5×113.6㎝   소   장 김문길 교수 사본 소장
내   용 이 지도는 불교적 세계관에서 출발하여 인도를 중심으로 세계지도를 작성한 것으로 남쪽 바다 중
에 사람이 거주하는 대륙이 있어, 이 땅을 남첨부주(南瞻部洲)라고 했다. 작가 로우가시는 불교 화엄
종의 승려이고 1654~1738년에 활동한 사람이다. 이 지도는 불교의 성지를 자세히 그린 것인데
조선의 동해안에 울릉도와 독도를 합한 '한당(韓唐)'이 표기되어 있는데 지도의 빨간선을 보면 강원
도에 속해 있는 것을 알 수 있다. 한당은 조선국이다. 임진왜란 시 조선포로인을 당인(唐人)이라 하
고 당인 사는 곳을 당정(唐町)이라 한다. 지금도 당정 마을이 일본에 수십 곳이 된다.

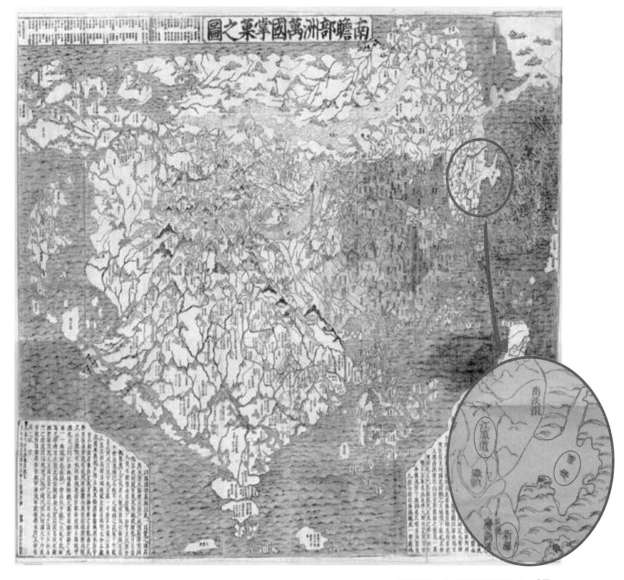

일본 에죠 조선 삼국접양지도(울릉도라 표기되지 않은 지도)

지 도 명 일본 에죠 조선 삼국접양지도　　　**제작연대** 1785년　　　**제 작 자** 하야시 시헤이

크　　기 76×109㎝　　　　　　　　　　**소　　장** 김문길 교수 사본 소장

내　　용 하야시 시헤이가 그린 일본 에죠 조선 삼국접양지도에 울릉도는 있으나 울릉도라고 표기하지 않아서 일본인들이 죽도는 울릉도를 말한다고 했다. 그래서 김문길 교수가 울릉도 표기되고 죽도는 조선이 가지고 있다 라는 지도를 또 발견 후 죽도, 조선에서 말하는 독도는 조선 땅이란 것을 확실히 알렸다.

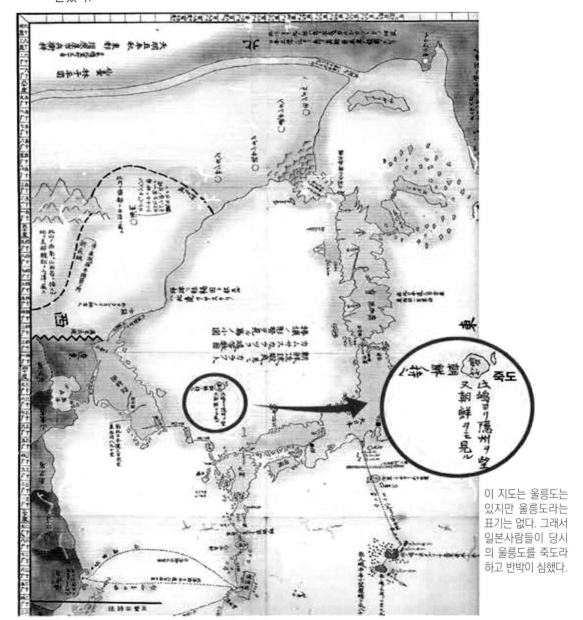

이 지도는 울릉도는 있지만 울릉도라는 표기는 없다. 그래서 일본사람들이 당시의 울릉도를 죽도라 하고 반박이 심했다.

일본 에죠 조선 삼국접양소도(김문길 교수가 발견한 지도는 울릉도가 명백히 기록하고 죽도는 조선이 가지고 있다는 지도)

지 도 명 일본 에죠 조선삼국 접양소도   **제작연대** 1785년   **제 작 자** 하야시 시헤이(林子平)

크　　기 120×80㎝   **소　　장** 김문길 교수 사본 소장

내　　용 하야시 시헤이는 일본막부가 공인한 지도학자이다. 그는 1785년 일본 에죠 조선삼국접양전도를 그릴 때 울릉도를 표시는 했으나 울릉도라고 표기는 하지 않았다. 그래서 일본인들은 죽도(당시 울릉도)는 조선 땅이라 울릉도를 말한다고 반박했다. 그 후에 하야시 지도를 발견 보도 후 김문길 교수가 울릉도를 표시하고 죽도는 조선이 가지고 있다는 하야시 지도를 또 발견하였다. 세계적으로 뉴스가 나갈 때 일본인도 인정했다.

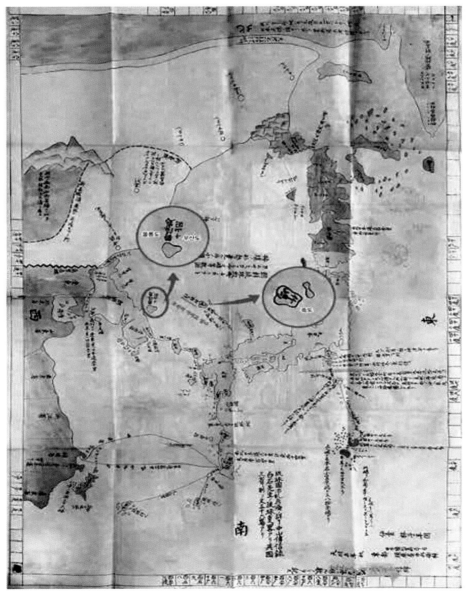

이 지도는 김문길 교수가 발견하여 세계 뉴스로 나갔다. 이 지도에는 울릉도라고 표기되어 있고 죽도(독도)는 조선이 가지고 있다. 그래서 일본사람들은 수긍을 하고 이 지도를 가지고 일본에서 강연을 했다.

천하국도동국도

지 도 명 천하국도동국도   제작연대 18세기 중엽   제 작 자 미상

크　　기 32.0×39.0㎝   소　　장 김문길 교수 사본 소장

내　　용 각 지역의 명산(名山) 또는 강(江)을 중심으로 그려진 지도. 특히 독도는 육지에 가까운 우산도로 표시. 대마도는 조선영토란 뜻에서 그려진 것. 대마도에 선신(先神)이란 곳도 있다.

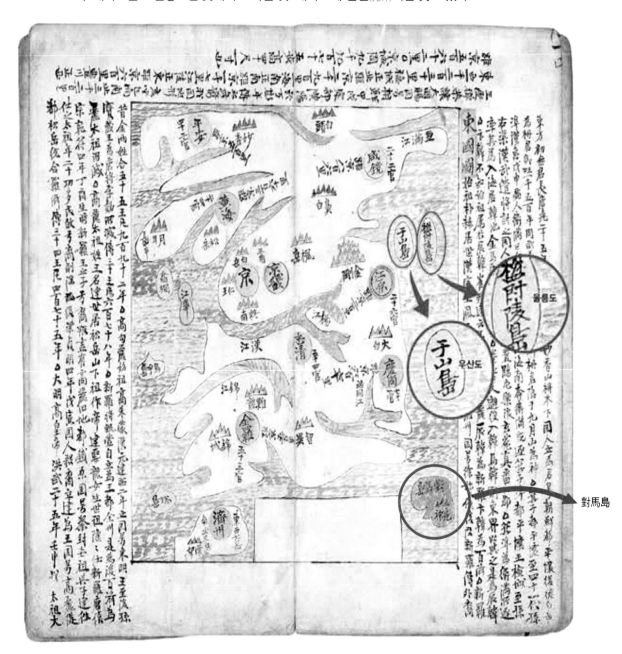

동 국 지 도 조 선 총 도

지 도 명 동국지도 조선총도   제작연대 18세기 중엽   제 작 자 정상기(鄭尙驥)
크   기 104.0×63.0cm   소   장 김문길 교수 사본 소장
내   용 정상기가 그린 지도는 지명과 명산지의 거리를 명확하게 하고 특히 울릉도와 독도의 위치에 맞도
         록 잘 그려져 있고 대마도의 위치도 우리나라 영토란 의미로 크게 그려져 있다.

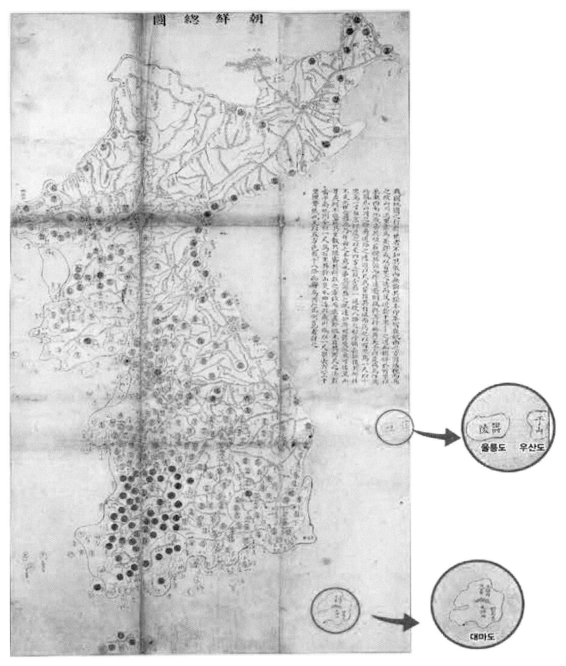

황여전람도조선도

지 도 명 황여전람도조선도   **제작연대** 1721년   **제 작 자** 선교사 제르비용
크   기 57.1×42.1㎝   **소   장** 개인소장, 김문길 교수 사본 소장
내   용 우리나라 산맥 각 지역 강, 산을 그린 지도임.
　　　　울릉도, 독도는 우리나라 연안에 붙여 그린 것이고 대마도도 우리 영토란 의미로 그린 것이다.

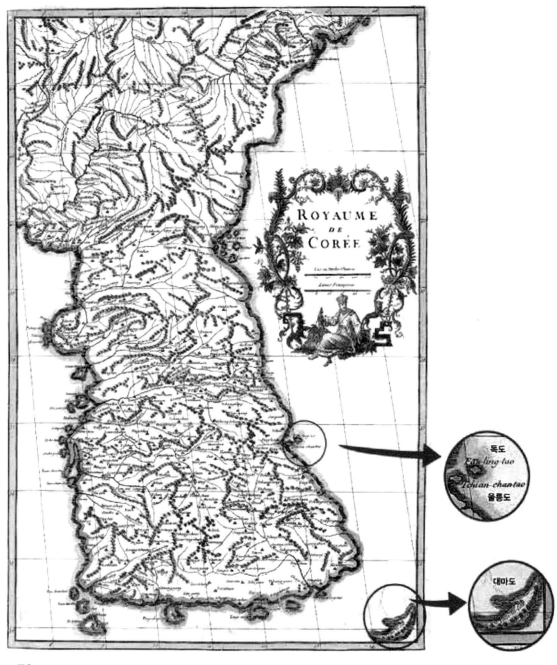

아 국 총 도 我國摠圖

지 도 명 아국총도(我國摠圖)　　　제작연대 1789년　　　제 작 자 정상기 추정

크　　기 151.0×81.5㎝　　　소　　장 김문길 교수 사본 소장

내　　용 아국총도는 우리나라 지도란 뜻이다. 이 지도는 각 연안에 작은 돌섬까지 상세히 기록한 것이 특징이다. 울릉도 옆에 작은 섬(독도)은 자성으로 또는 일본해가 아니고 동해로 표기된 것으로 본다. 또는 대마도는 우리 영토 우리 지도에 넣어놓고 있다.

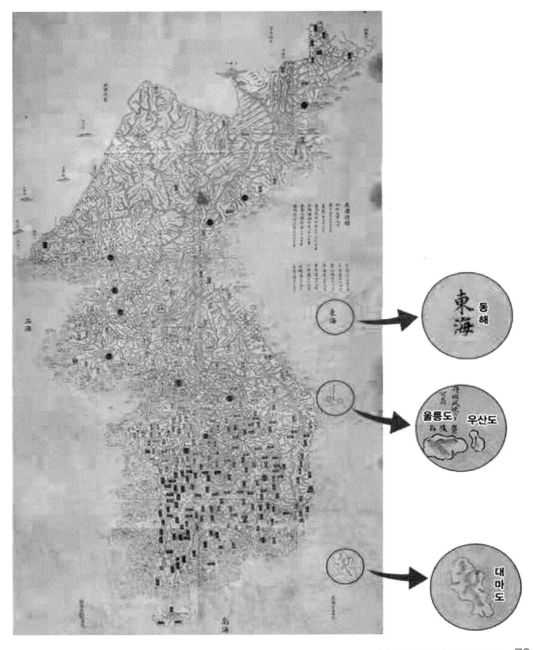

조 선 지 도

지 도 명 조선지도   제작연대 1741년 6월   제 작 자 마쓰바라마사간(松原正幹)
크   기 108×88cm   소   장 미국국립국회도서관, 김문길 교수 사본 소장
내   용 이 지도는 일본사람 마쓰바라마사간이 부산 왜관에 통역관으로 올 때 그린 지도. 조선시대 주(州),
         현(縣), 부(府), 군(郡)의 위치를 잘 표시하고 울릉도 우산도(于山島)를 함께 그려놓고 대마도는 조선의
         속한 주(州)로 그린 것이 특이하다.

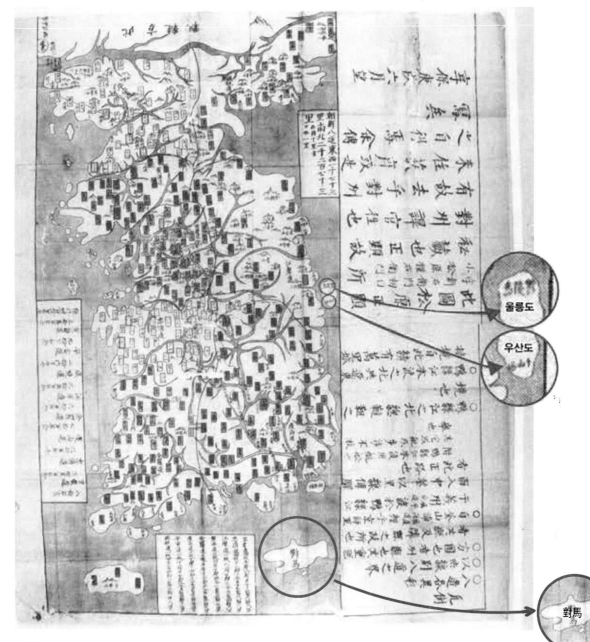

동국팔도대총도

지 도 명 동국팔도대총도   제작연대 17세기   제 작 자 미상
크   기 26.4×35.2㎝   소   장 김문길 교수 사본 소장
내   용 이 지도는 소형 목판지도 민간단체가 그린 지도 일본총도, 중국총도 등 각 나라 지도를 그릴 때 대
         마도는 조선지도에 포함. 울릉도 우산도도 우리 영토로 그린 것이다.

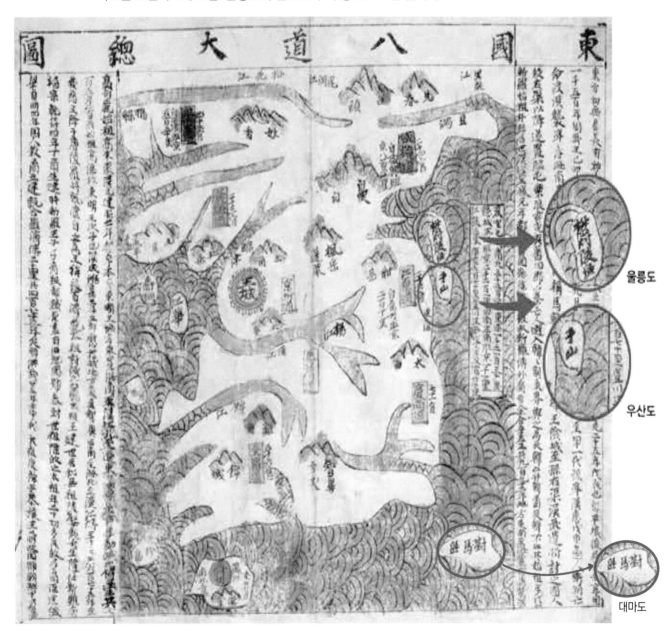

조 선 도

지 도 명 조선도   **제작연대** 1795   **제 작 자** 미상

크 기 28.0×19.0㎝   **소 장** 김문길 교수 사본 소장

내 용 이 지도는 지나조선지도(支那朝鮮地圖) 속에 조선도, 일본지도, 중국지도가 있다. 대마도는 우리 영토란 뜻에서 조선도에 넣어 그린 것이다. 울릉도 우산도도 조선영토라 적혀 있다.

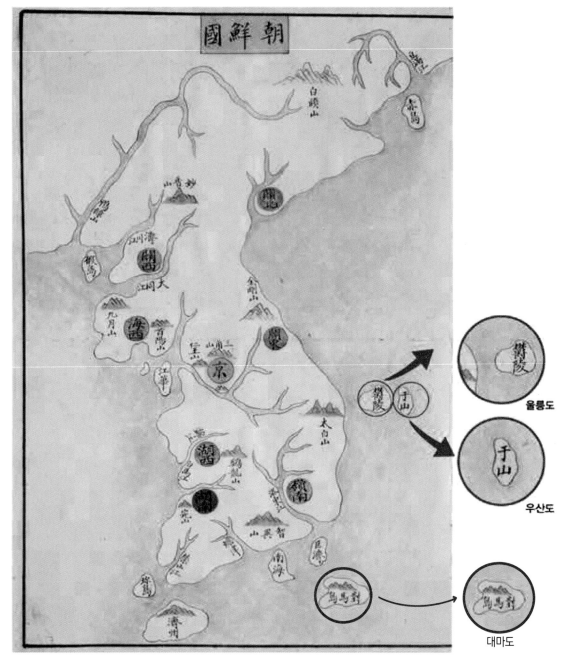

신라 · 백제 · 고구려 팔조구역지도

지 도 명 신라·백제·고구려 팔조구역지도　　　**제작연대** 1684년　　　**제 작 자** 미상

크　　기 41.8×33.2㎝　　　　　　　　　　**소　　장** 김문길 교수 사본 소장

내　　용 이 지도는 3축으로 되어 있다. 지도 이름은 「조선강역총도」속에 신라, 백제, 고구려 지역을 구별하
기 위해 그린 것이다. 울릉도, 우산도(독도), 우산국(于山國)으로 표기. 대마도는 서라벌에 속한 것으로
그린 것.

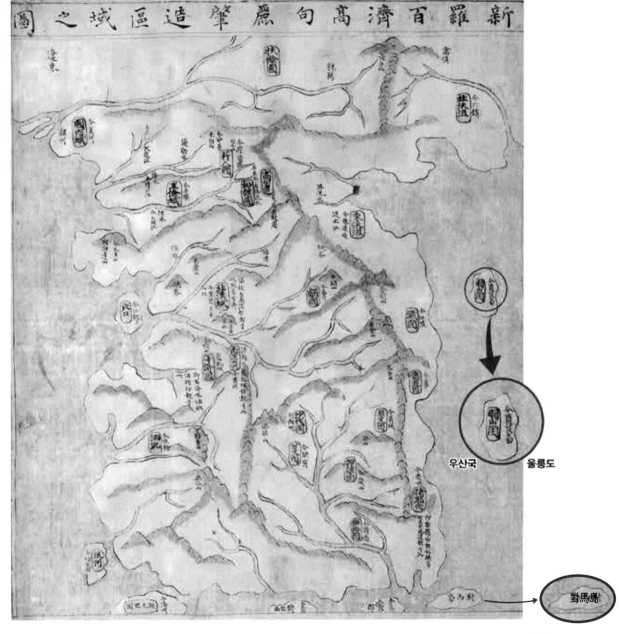

우산국　　울릉도

對馬島

18세기 조선 팔도지도

지 도 명 18세기 조선 팔도지도　　　제작연대 18세기　　　제 작 자 하야시 시헤이(林子平)

크　　기 80cm×1M　　　　　　　소　　장 김문길 교수 사본 소장

내　　용 이 지도는 하야시 시헤이(林子平)가 18세기에 그린 길이 80cm, 폭 1m의 크기이다. 이 지도에 울릉
도, 우산도가 같이 묶여 그려져 있다. 1696년 4월 18일 안용복이 가지고 간 「조선팔도」를 보고
그린 지도인 것 같다. 동해를 東몽으로 되어 있다.

JOHNSON'S JAPAN

지 도 명 JOHNSON'S JAPAN　　　제작연대 1840년　　　제 작 자 JOHNSON

크　　기 80×70㎝　　　　　　　소　　장 김문길 교수 사본 소장

내　　용 영국사람 존슨은 지리학자이고 대사로 활동한 사람이다. 1830년 후반기에 일본에 와서 홋카이도,
조선, 일본열도를 탐지하면서 그린 것. 두 작품을 그린 것인데 지도 모양이나 크기가 다르고 울릉
도, 독도를 역시 흰색으로 했다. 울릉도를 Argonaute라 하고 조선에 속한 것으로 흰색으로 칠하
고 독도는 Dagelet이라 하고 흰색으로 칠하고 있다. 대마도도 Start of Korea로 되어 한국해협의
땅이라 표시한 지도이다.

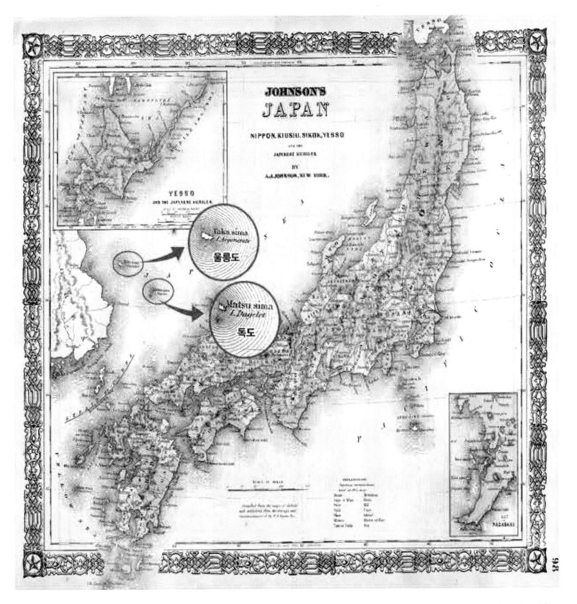

JAPAN and COREA

지 도 명 존슨 저팬 JOHNSON JAPAN　　**제작연대** 1840년　　**제 작 자** JOHNSONS

크　　기 150×80㎝　　　　　　　**소　　장** 김문길 교수 사본 소장

내　　용 이 지도의 특징은 지명, 강산, 산맥 모든 것을 일본명으로 쓰고 표기는 영어(로마자)로 되어 있다. 북
해도 나가사끼를 별도로 그리고 대마도를 쓰시마로 표기하고는 한국에 속한 섬으로 되어 있다.
Start of Korea로 되어 있다. 울릉도를 'Argonaute-아거노트'로 명기하고 있다. 울릉도를 발견한
선박이름이다. 독도를 'Dagelet-다즐릿'으로 명기하고 있다. 독도를 발견한 선박이름이다. 이 지
도에도 대마도는 1840년도에는 한국에 속한 것을 알 수 있다. 대마도에 원주민들은 고대 조선인
들이 건너간 아비루족들이고 사용하는 글도 한글이다.

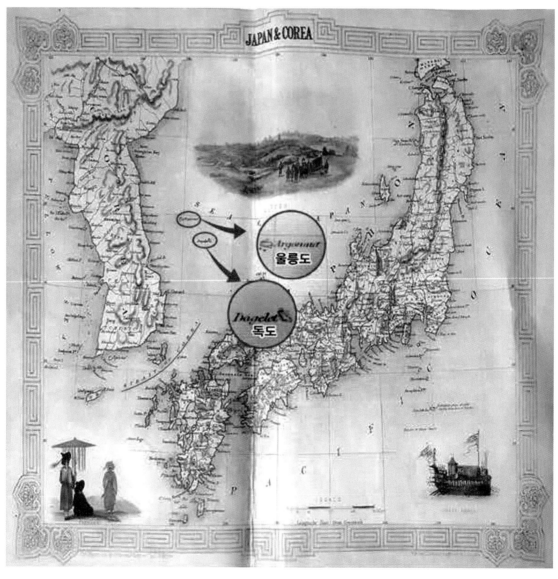

『일본제국지도』에도 일본해가 아니고 「한국해」 발견

지 도 명 일본제국지도
제작연대 1744년
제 작 자 영국 사람 임마누엘 보웬(1693년~1767년 활동)
크   기 세로 3.55×가로 43cm

5월 31일은 바다의 날이다. 바다의 행사는 세계 각국에서 성대히 하고 있다. 바다의 행사는 단순 축제로 하기보다 자국에 수산자원의 비결을 키우는 수산자원에 관련된 성대한 행사를 치르기 마련이다. 올해는 코로나 19 바이러스 때문에 행사는 취소한다든가 축소하는 나라가 있다.

특히 우리나라와 일본은 바다 명칭을 두고 국제사회(IHO)논쟁을 하니 180여 회원국은 흥미 있게 보고 관련된 나라들은 신경질적인 싸움을 5년마다 하고 있다. 우리나라는 아직 정식회원국이 아니라 회원국들에 따라다니면서 동해로 표기하도록 로비를 한다. 몇 년간 로비하다가 힘이 들고 성사가 안 되니 이제는 한국연안은 동해, 일본연안은 일본해로 병행하자고 로비를 한다. 일본은 병행마저 반대하는 입장이라 수로국에서는 동해 바다는 전부 일본해로 공식화했고 회원국 일부는 국정교과서에 병행해서 쓰고 있다.

우리나라가 잘못한 것은 병행해도 한국해로 병행해야 된다. 조선해 명칭 한국해 명칭으로 기록된 것만 해도 300여 종류가 있다. 일본은 방위개념으로 서해를 버리고 일본해로 할 때는 우리도 방위개념을 버리고 한국해로 해야 한다. 필자는 한국해 조선해로 표기된 일본인이 그린 지도를 수십 번이나 찾아 보도했다. 이번에 또 찾아낸 것을 소개해보자.

지도 1에 보시다시피 일본해 바다를 한국해(SEA OF KOREA)로 되어 있다.

일본 동남쪽 규슈 지방, 관서 지방에는 SEA OF JAPAN으로 되어 있다. 또는 일본 동북쪽 지방 몇 년 전에 지진이 심했던 후쿠시마 쪽은 동양 바다 ORIENTAL OF OCEAN으로 되어 있다. 임마누엘은 지도를 그릴 때 측지법을 사용해서 판화(版畵)로 그린 것이 유명하다.

영국사람 임마누엘이 말한 바다의 명칭은 방위개념에서 원래 이름이 붙여져 있다고 기록한 것이다. 방위개념에서 보면 서해이다. 일본해로 정해진 것은 러일전쟁 시 시마네현 히로시마현 야마구치현 지사들이 독도방문 시 명칭을 만들었다. 그래서 한국인들이나 아세아 제 국가들은 러일전쟁 시 일본 서해를 방위개념을 무시하고 일본해로 했다. 러일전쟁 시 일본해를 했기 때문에 독도를 빼앗고 독도에 군수기지를 만들었기에 강국 러시아를 이긴 것이다. (뒷장에 지도)

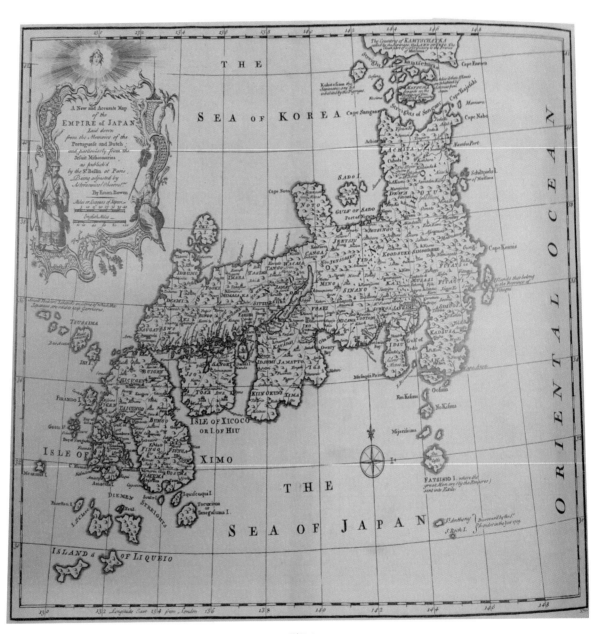

▲ 지도 1

『日本讀史地圖』에도 일본해가 아닌 서해

▲ 지도 2

이번에 또 발견된 지도 2를 보면 러일전쟁 있기 전 명치 30년에 발간한 『日本讀史地圖』(河田 熊외 3인 저) 러일전쟁 당시 일본학교 교과서(지도 3)이다. 이 교과서에 동해는 일본인들이 서해라 했다. 즉 1267년~1276년 사이에 신라군이 자주 규수 지방에 자주 쳐들어오기 때문에 조선과 일본 사이 서해 바다를 견고히 방전(防戰)했다고 기록되어 있다.

13세기는 신라에 왜인들이 자주 원정(遠征)한 적이 있다. 신라는 동해바다의 방어 태세를 굳게 하는 시기이다. 일제 강점기에 조선인에게 일본해로 가르치지 않고 방위개념으로 서해로 가르쳤다. 러일전쟁 시만 일본해로 부르고 가르칠 때는 방위개념인 팩트로 가르쳤다는 증거이다.

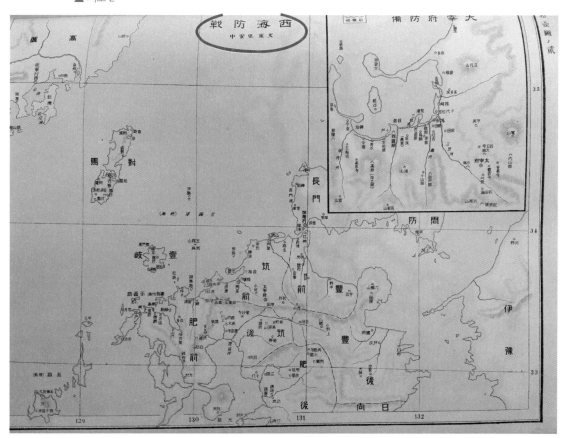

▲ 지도 3

청조일통지도

지 도 명 청조일통지도   제작연대 1835년   제 작 자 중국 오문진
크   기 68.5×64.4㎝   소   장 김문길 교수 사본 소장
내   용 이 지도는 중국 청나라 때 오문진이 그린 것이다. 울릉도, 독도를 조선영토 표시로 노란색으로 그려
져 있다. 중국 청나라 때 동남아 일대를 그리면서 조선국을 그렸다.

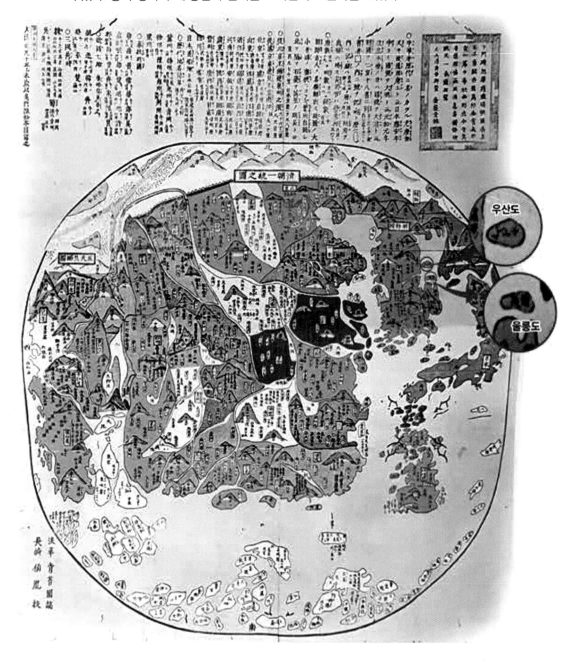

조 선 지 도

지 도 명 조선지도   **제작연대** 1800년   **제 작 자** 조선 관청
크   기 31.6×24.3㎝   **소   장** 김문길 교수 사본 소장
내   용 태백산, 대관령, 소백산, 우리나라 산맥을 잘 표시한 지도. 특히 부산절영도(영도) 대마도의 위치를
　　　　　 우리 영토란 의미로 잘 그려진 지도이다. 울릉도, 우산도도 잘 표시되어 있다.

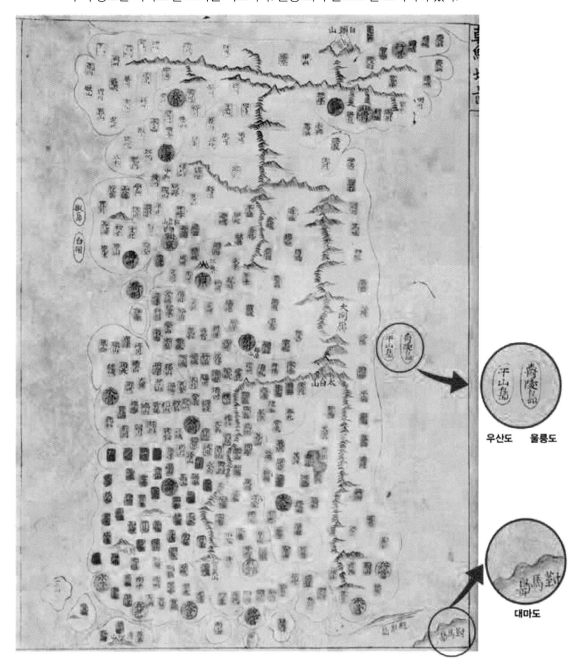

우산도　　울릉도

대마도

16성구변도

지 도 명 16성구변도(十六省九边圖)내 조선도　　　**제작연대** 18세기, 중국 청나라시대
제 작 자 청나라 역관소(譯官所)　　　**크　　기** 115×95㎝　　　**소　　장** 김문길 교수 사본 소장
내　　용 이 지도는 18세기 중국 청나라 역관소에서 제작한 최초 지도 경위도임. 유럽 각 나라의 축척법이 중
　　　　국에 전해져서 조선도를 작성했다. 울릉도 우산도는 영덕이란 지역에 붙여져 그려졌다. 조선영토
　　　　란 이미지를 부각시키기 위해 지금 울릉도 독도 거리보다 훨씬 앞으로 육지에 그린 것이다. 대마도
　　　　도 우리 땅이란 의미로 우리 영토 내에 있다.

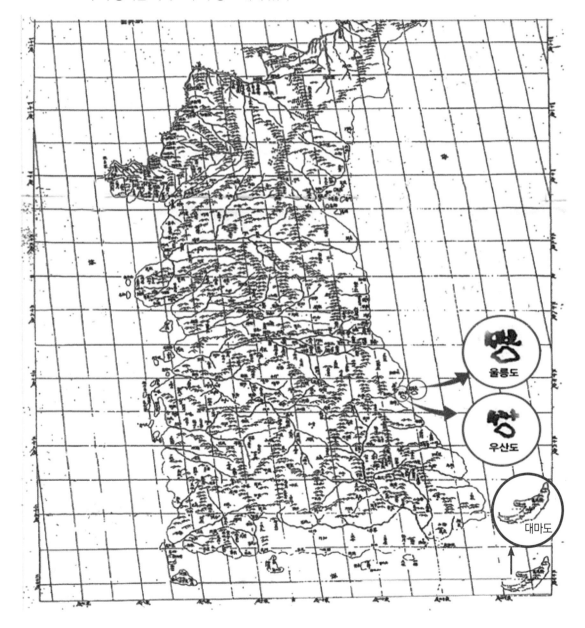

조선팔도지도

지 도 명 조선팔도지도   제작연대 1785년   제 작 자 하야시 시헤이(林子平)

크   기 80×70㎝   소   장 김문길 교수 사본 소장

내   용 이 지도에는 울릉도와 독도를 함께 그린 것이다. 울릉도와 독도는 한 섬이라는 뜻이다. 울릉도, 독도 옆에 東자가 있다. 일본해가 아니고 동해라는 것이다. 제작자가 일본사람이라 동해를 한글로 표시했다. 한글을 잘 모르다보니 東자 옆에 동자가 몽자로 쓰여져 있다. 그리고 대마도도 조선팔도지도에 넣어져 있다.

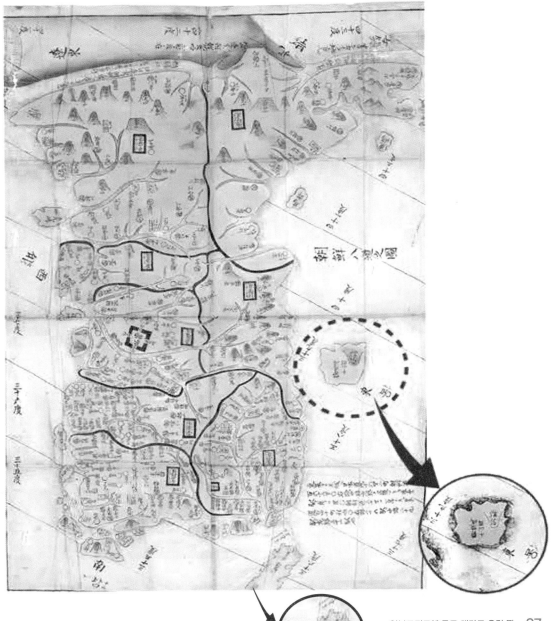

대마도

조선팔도총도

지 도 명 조선팔도총도　　　제작연대 1488년　　　제 작 자 중국인 동월(董越)

크　　기 30×29.4㎝　　　소　　장 김문길 교수 사본 소장

내　　용 작성자 동월이란 중국인이 조선에 사신으로 와서 사회, 문화, 지리를 배워 저술한 서적『조선부』가
　　　　있다. 이 지도가 조선이나 일본에서 교재로 쓰기도 했다. 조선부 중에 울릉도, 우산도가 조선 땅이
　　　　란 것이고 대마도도 조선 땅으로 되어 있다.

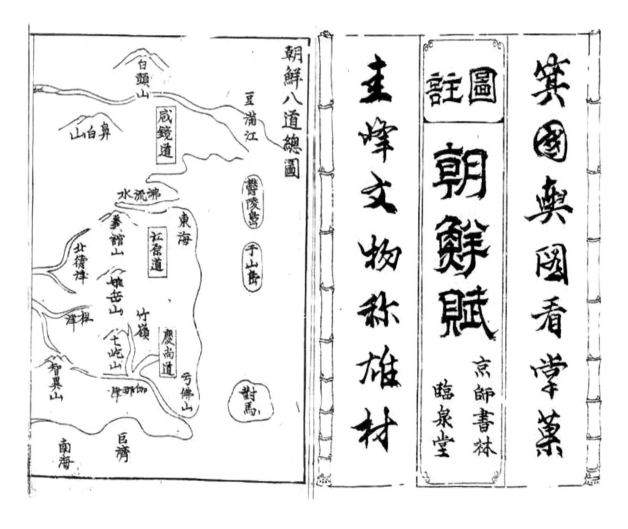

조 선 국 세 견 전 도

지 도 명 조선국세견전도   **제작연대** 1873년   **제 작 자** 오쯔끼 후미히꼬
크　　기 1007×718cm   **소　　장** 김문길 교수 사본 소장
내　　용 이 지도는 명치신정부가 들어서서 북해도, 오끼나와를 일본국으로 귀속시키고는 조선을 지배하자
「정한론」이 대두될 때 일본 신정부의 인물인 오쯔끼 후미히꼬가 작성했다. 울릉도 옆에는 '죽도'(현
재도 우리나라에서 죽도라 함)가 있고 죽도 밑에는 우산도가 명확히 기재되어 있다. 그러나 일본이 말하는
죽도는 조선 땅이라 하니 죽도는 울릉도 옆에 있는 것이라 하고 있다. 울릉도 옆에도 있고 죽도(독
도)는 따로 기록된 것이 이 지도로 판명된다. 일본인들은 지금도 죽도(독도)는 울릉도 앞에 죽도가 있
다. 하지만 울릉도 앞에 죽도가 있고 독도는 우산도로 따로 표기된 것이 있다.

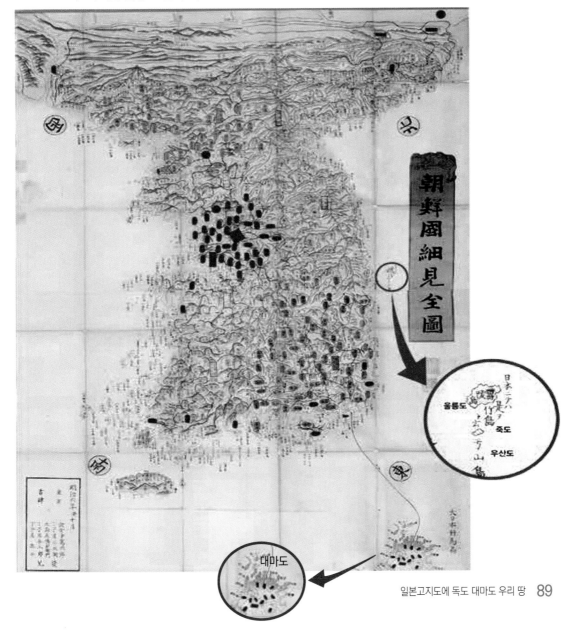

대마도

일본영역도

지 도 명 일본영역도(日本領域圖)　　**제작연대** 1946년　　**제 작 자** 일본 마이니찌 신문
크　　기 90×110㎝　　　　　　　**소　　장** 김문길 교수 사본 소장
내　　용 일본은 패전 후 미연합국과 평화조약을 체결할 때 울릉도, 독도(죽도)는 제외한다고 기록되어 있다
　　　　는 것을 알 수 있다. 울릉도, 독도(죽도)에 한국 영역으로 표시되어 있다.

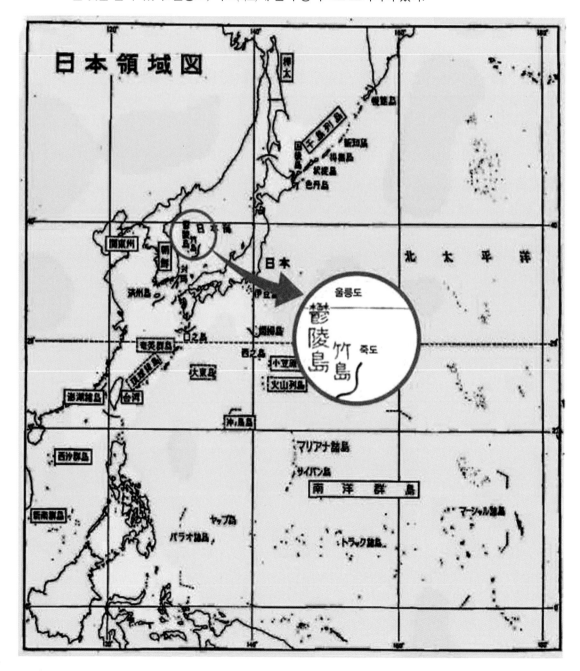

일본변계약도

지 도 명 일본변계약도(日本邊界略圖)　　제작연대 1809년　　제 작 자 다카하시 가케야스(高橋景保)

크　　기 94×23.5cm　　　　　　　　소　　장 김문길 교수 사본 소장

내　　용 에도(江戶) 막부로부터 명을 받아 제작한 「일본변계약도」는 울릉도 우산도(독도)를 조선영토(지도)에
붙여놓은 희귀한 지도이다. 서구 측지법에 입각하여 동판으로 제작된 지도. 특이한 것은 일본에서
주장하는 일본해가 아니고 조선해라고 기록되어 있다.

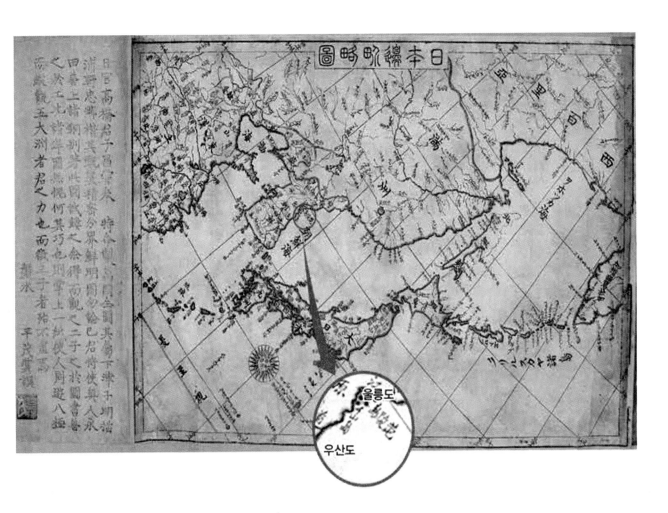

 지금까지 울릉도 우산도는 본 위치에 육지에서 떨어져 있었지만 여기는 육지에 놓여
있네. 조선해도 크게 선명하네. (독도교육 강영철)

소유일람지도

지 도 명 소유일람지도　　　제작연대 1919년　　　제 작 자 조선총독부
크　　기 52.6×37.7㎝　　　소　　장 김문길 교수 사본 소장
내　　용 이 지도는 3·1운동이 일어난 것을 조선총독부가 조사할 때 그린 것. 조선지도를 그릴 때 대마도를
　　　　조선지도에 넣어서 그린 것이다.

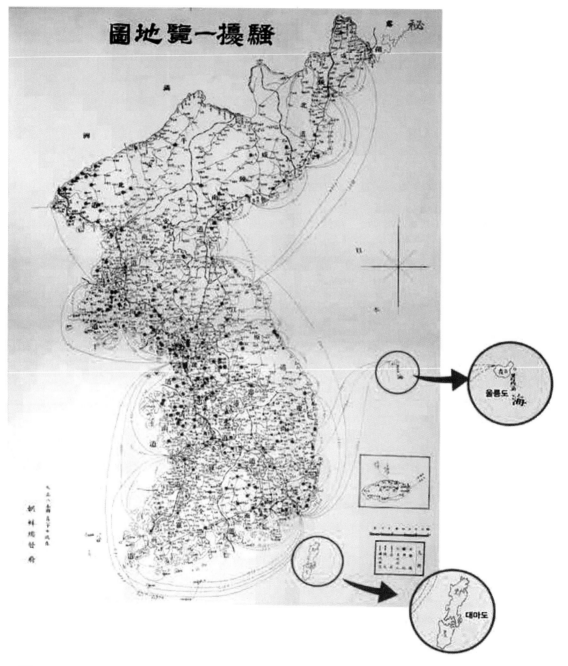

'한국해' 표기한 프랑스 古지도 최초 공개

한반도와 일본 사이 동해
'MER DE COREE' 표기
1735년 프랑스 장교 제작

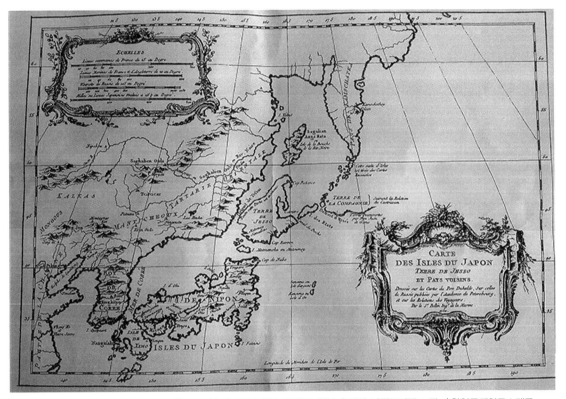

▲ 동해를 한국해로 표기(빨간색 원)한 1735년 제작된 프랑스 고지도. 일본 오사카 시립도서관 소장. / 한일문제연구소제공

동해가 한국해(MER DE COREE)라고 표기된 프랑스 지도가 발견됐다.

울릉군 독도박물관에도 소장된 적이 없는 새로운 지도로 본지를 통해 최초로 공개됐다.

한일관계사를 전공하고 부산외대 교수를 지낸 김문길 한일문제연구소장이 지난 3월 일본 오사카 시립도서관에서 찾아내 촬영한 지도를 10일 본지에 제보했다.

지도의 명칭은 CARTE DES LSLES Du JAPON(일본, 에죠 또는 주변 제국도·日本, 蝦夷及周邊諸國圖)로,

1735년 제작됐고 제작자는 프랑스인 벨링(J.n.Bellin·1703~72)이다. 프랑스 해군 장교로 동양해상을 전공한 지도작성 담당이다.

김 소장은 "이 지도의 측칙법(測則法)에 따라 조선, 일본 동해를 다니면서 작성한 지도다"고 말했다.

김 소장은 또 "유럽의 여러 국가가 동북아시아에 진출할 때 일본, 조선, 중국의 연안을 상세히 조사하고 지도를 그렸지만 프랑스가 아시아 연안을 먼저 탐사했다"며 "유럽 국가가 동아시아에 진출할 때 첫 번째는 무역, 두 번째는 종교(가톨릭) 포교를 위해 지도를 그렸고 이 지도도 같은 목적에서 그려졌다"고 설명했다.

당시 그 같은 이유로 이 지도의 바다 명칭이 한국해로 돼 있다.

일본, 중국, 한국의 고지도는 대부분 유럽인이 그린 것이다.

이번 발견된 지도는 동판으로 만들었다고 김 소장은 전했다.

김 소장은 또 "일본에서 주장하는 일본해는 아무 기록도 없다. 5월 31일은 바다의 날이다. IHO 세계수로 기구에서 올해도 바다 명칭 때문에 한국은 동해로, 일본은 일본해로 기재하고자 외교전을 펼치고 있다"며 "일본해는 일제 강점기에 만든 명칭이다. 반드시 바로잡아야 한다"고 주장했다.

김 소장은 "일본이 방위개념이라면 서해라고 불러야 하지만 러일전쟁 당시 일본해라고 세계수로 기구에 등재했다"며 "한국도 동해라 하지 말고 과거 유럽 국가들이 불렀던 한국해라고 불러야 한다"고 밝혔다.

김철환 울릉군 독도박물관장은 "이 지도와 같이 비슷한 유럽 지도는 더러 있지만 이 지도는 처음 본다"며 "과거부터 동해의 명칭이 한국해라는 또 하나의 증거가 될 것"이라고 말했다.

2018년 6월 10일 (울릉 / 김두한 기자)

'한국해' 표기된 17세기 고지도 발견

모나코에서 열리는 IHO(국제수로기구) 총회에서의 동해에 대한 국제 명칭 결정을 앞두고 동해를 '일본해'라고 고집하는 일본 측의 억지 주장을 잠재울 '한국해'로 표기된 17세기 고지도가 일본에서 발견됐다.

이 지도는 1646년 영국 귀족 로버트 두드리(Robert Dudley)가 제작한 고지도의 사본으로 최초의 세계 해도(海島)인 'Dell' Arcano del Mare'에 포함된 지도다.

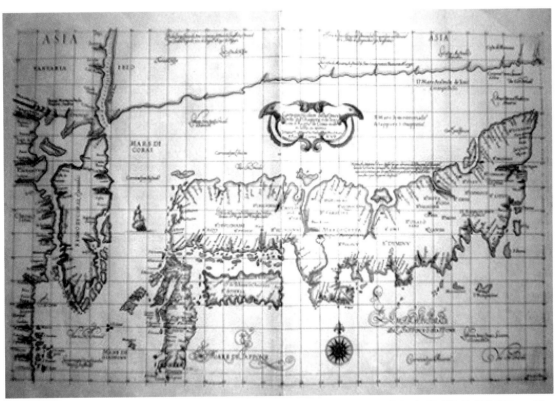

▲ 일본에서 발견된 1646년 영국귀족 로버트 두드리(Robert Dudley)가 제작한 고지도의 사본. 이것은 최초의 세계 해도(海島)인 'Dell' Arcano del Mare'에 포함된 지도다.ⓒkonas.net

김문길 한일문화연구소장(부산외국어대 명예교수)이 제공한 이 지도에는 한반도와 일본의 해안선을 비롯해 현재의 동해는 '한국해'(Mare di Corai)로 일본 가고시마 남단 해역은 '일본해'(Mare di Giappone)로 표기되어 있다.

이 지도를 제작한 로버트 더들리는 17세기 영국에서 태어난 귀족 출신으로 이탈리아에서 활동한 탐험가 겸 지도 제작자로, 세계 해도(海圖)인 '바다의 신비'를 최초로 제작한 인물로 알려져 있다.

동해의 '한국해' 표기와 관련 지금까지 '한국해'로 표기된 18세기, 19세기 고지도들이 발견된 바 있지만 17세기에 제작된 것이 발견된 것은 이번이 처음이다.

학계에서는 이 지도의 발견으로 IHO총회에서 동해를 한국해로 주장할 충분한 가치가 있는 것이라고 주장했다.

김문길 소장 역시 "이번에 일본에서 발견된 지도에 나타난 '한국해'와 '일본해'라는 명칭은 당시 일본인들의 생각을 보여준 것으로, 방위 개념에 따른 동해보다는 이 지도대로 동해를 '한국해'라고 표현하는 것이 더 맞다"고 강조했다. (Konas)

2012년 4월 16일 (이영찬 기자)

 잠깐 동해는 일본해를 이길 수 없다. 한국해도 해야 된다. 왜 방위 개념은 이데올로기를 잡지 못한다. (독도교육 강영철)

대마도 지도 발견,
대마도는 우리 말_{한글} 사용

조선국 대주대마도아리아케야마에서 보는 원견지도

지 도 명 조선국 대주아리아케야마에서 보는 원견지도
제 작 자 시마다신노죠
크　　기 26.7×78.4㎝
소　　장 사본 김문길 소장
내　　용 조선통신사(회답겸 쇄신사)가 일본에 올 때 부산에서 대마도까지 거리, 위치, 시각, 지역을 안내하는 그림, 지도 제목은「조선국 대주아리아케산에서 보는 원견지도」라 했다. 다시 말해서 조선국 대주라 했다. 대주는 당시 대마도 고유 명칭이다. 일본 연구자들은 시마다는 일본 막부에 녹을 먹는 대주 사람이라 조선국 대주라 했는지 의문이라고 한다.

225 ちょうせんこくたいしゅうありあけやま とおみ の ず
朝鮮国対州有明山ヨリ遠見之図（本館蔵）
1811(文化8・純祖11)年　絵画1舗(掛幅装)　26.7㎝×78.4㎝(本紙)

　有明山は、「対馬府中図屏風」にも描かれているように桟原城の西側に位置する山で標高558mである。有明山頂から北方を望めば、北北東の方角に上対馬が延びている。真北から西北、更に真西の方角には朝鮮半島南岸があり、視線を遮るように高いものは無い。有明山から北の釜山まで約100㎞、北西の巨済島まで約80㎞の距離があるが、名護屋城天守台から約90㎞先の対馬最南端が見えたり、北アルプス穂高岳から約140㎞先の富士山が見えたりすることから考えると、充分に「遠見」できる距離である。本図下方に「有明山ゟ戌亥ノチ也。図のことく山高ク相見へ、子ニも流し、酉申ニ至り候而ハ次第ニ入込候而、夫ゟ向キハ無限様子ニ相見へ、見渡シハ弐拾里内外ニ〆、横弐拾四五里共相見へ申候也」とあり、恐らく巨済島を中心にその東西を描いたもので、その観察は実際の地形と合致している。本図は、「対馬国図」「対州御城下之図」などと一連の史料で、恐らく嶋田甚之丞の作と思われる。

조선 조정에서 보낸 대마도 무사임명장

대마도는 한국 영토란 또 하나의 증거는 조선국왕이 대마도 무사를 임명하고 임명장(교지)을 준 것이다.

교지 내용은 1555년 5월 타이라 마쓰께 내린 교지는 승의부위호분위사맹(承義副尉虎賁衛司猛)이다. 다시 말해서 대마도 무사직으로 임명한다는 내용이다.

조선 조정에서 수차 내린 교지이다. 대마도 사료관에 조선조에서 내린 역대 무사들의 임명장은 수십장을 소장하고 있다. 이런 교지를 보아도 대마도는 조선 부속섬이란 것을 알 수 있다.

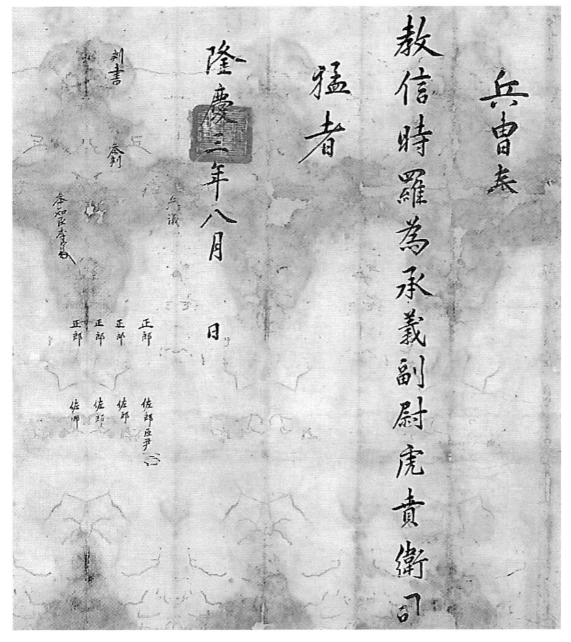

대마도 지도에 조선에 속하여 문물을 따른다고 기록

지 도 명 대마여지도   **제작연대** 1756년 6월   **제 작 자** 모리고안(森幸安)

내　　용 모리 지도학자는 막부가 인정한 사람이다. 줄 친 부분을 보면 대마도는 도 부 향 군 종 470리라고 필자가 번역하여 보도했다. 470리라는 것은 부산에서 거리를 말하는 것이다. 이 지도를 놓고 일본에서 강연을 한 적이 있다. 일본 사람들은 470리 거리가 아니고 사품(四品)이라 했다. 4품은 당시 섬들의 등급이고 조선에 속한다는 의미라 말했다. 대마도는 군 부 향 군으로 나눈 4품이란 뜻이다. 한글을 사용한 백제인 아비류족은 12세기 일본 다쟈이부(大宰府)를 지배한 소(宗) 씨가 대마도에 침입하여 아비류족을 멸망시키고 통치했다. 당시 다쟈이부는 일본 서구 지금 후쿠오카지방을 말한다.

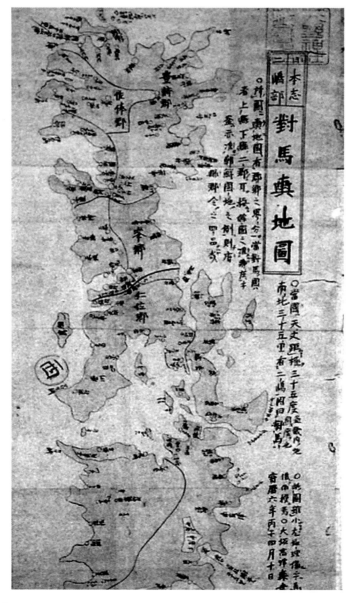

대마도는 조선 땅이라 조선인이 살았고 한글을 사용했다

일본 열도에는 백제 소아(蘇我) 씨족인 아비류족이 살았고 한글을 최초 사용하였다.

일본 열도 2000여 곳 신사에 위패로 사용하고 있다.

일본신사는 귀족들이 죽고 혼을 기리는 우지카미(氏族神社) 신사가 많다.

한국인들이 군대 가면은 군번을 받는데 이런 식으로 자기 이름을 새겨 받는다. 예를 들어 김문길 이름을 'ㄱ ㅣ ㅁ ㅁㅜ ㄴ ㄱ ㅣ ㄹ'로 적으면 신대문자가 된다. 그러나 대마도 아비류 백제후예들이 최초에 사용한 한글은 지금 한글과 똑같다. 한글 '우'자를 '우' 그대로 쓴다. 대마도 아비류 씨족이 최초 쓴 글을 소개한 것을 보자.

특히 줄 친 부분 한자로 설명한 것을 보면 「오른쪽 신대에 있었던 글은 일본신이 만들어 놓은 것이고 이 글을 대마도 아비류 씨족이 전한 것이다」라고 기록하고 있다.

이 문헌은 1819년(文政 2)에 히라다 아츠다네(平田篤胤)가 집필한 『신자일문전상권神字日文傳上卷』 28P에 수록되어 있다.

아비류 씨족이 살았던 대마도는 한국 땅

필자는 일본유학 중 한일관계 역사를 전공해서 독도는 우리 땅 고문서를 많이 발굴했다. 대마도도 한국 땅이라고 지도를 발견하여 신문에 보도한 적이 있다. 그때 마산에서 시의원들이 대마도 날을 선포하고 대마도를 찾자는 운동을 일으키고 있다.

대마도 글 『한글』을 원전으로 하여 일본어 창제

▲ 한글 아에서 일본어 아(あ)가 생기고 가에서 일본어 가(か)가 생겼다. 일본어는 전부 50음이다.

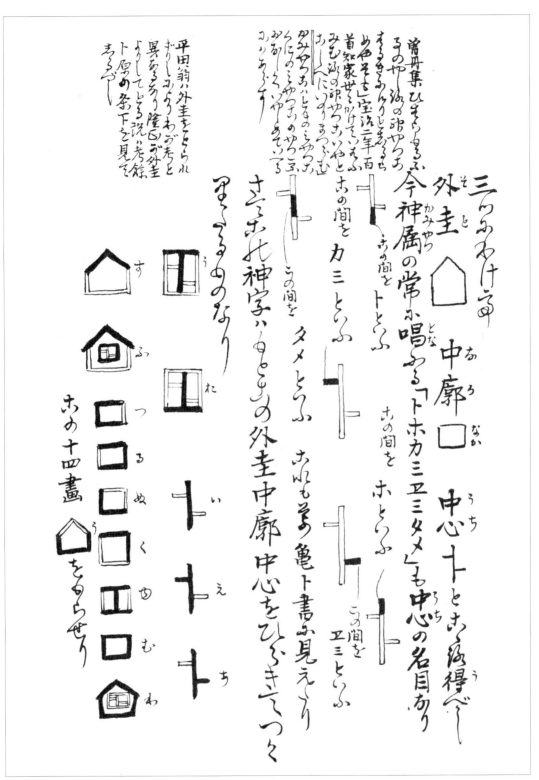

▲ 한글인 아비류어를 가지고 대마도 사람들은 한글(아비류어)이 어떻게 생겼는가 그 원리를 설명한 것이다.

대마도에서 사용한 한글로 고사기를 만듦

내　용 원래 대마도 원주민들이 쓴 우리 한글은 음양오행설 이음절로 된 것이라 세계에 자랑할 문자다. 명치유신의 선구자인 히라다아쓰다네(平田篤胤)는 1811년 한자, 히라가나, 카다카나를 없애고, 대마도의 한글을 사용하자는 운동이 일어나 1867년에 명치유신을 일으키고 명치유신정부는 모든 글은 대마도 글로 사용하자는 운동 가운데 일본 최고의 역사서인 「고사기(古事記)」를 관용으로 출판된 것이다.

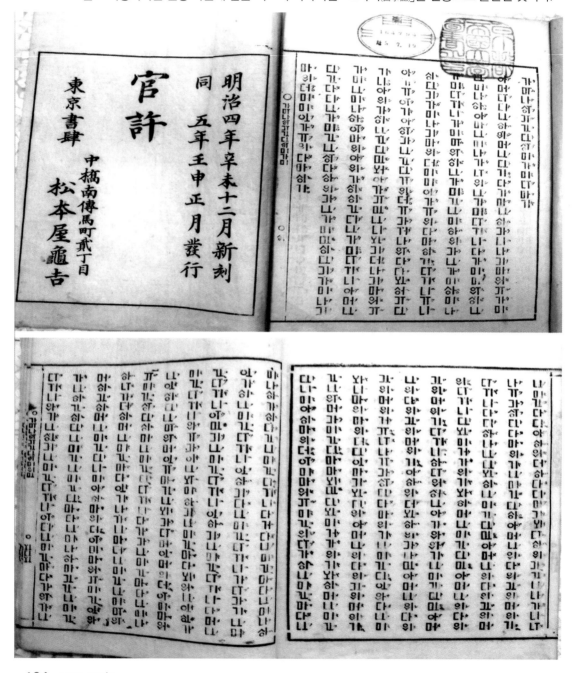

김문길 박사 프로필

문서 찾은 김문길 박사
부산 외국어대학 퇴임교수 일본에서 독도연구 한일관계사 전공
일본 국립고베대학 대학원에서 철학박사, 학술박사
현) 한일문화연구소 소장

독도 사료 수집 연구

1945년 7월 7일 히로시마에서 출생
계명대학 영문학과 졸업
일본 교토대학 문학부 일본문화연구
일본 국립고베대학 대학원 문학연구과 일본사 전공 석사
일본 국립고베대학 대학원 문화연구과 일본문화 박사 졸업
철학박사, 학술박사
부산외국어대학교 일본어학과 대학원 교수 정년퇴직
일본 교토대학 문학부 외국인연구 교수
일본 문부성 교토 일본문화연구센터 외국인 교수

연구업적

임진왜란 귀코무덤연구 수편
독도 우리 땅 연구 수편
강제징용연구 수편
일본에 조선 문화연구 수편
한국에 일본 잔재물 연구 수편
일본 신대문자는 한글이다 수편
소록도 연구 수편
대마도 연구 수편
일본군 위안부 연구 수편

수상

가야상 수상
부산문화상 수상
동명대상 수상
한국 일본학회 연구 수상
훈장 및 감사장 다수

강영철 박사 프로필

독도교육사(독도학과 수료)
경남교육청 독도교재 편집위원장
본적을 독도로 옮김
교육학박사
전) 사천고등학교 교장
현) 한국미래교육협회 대표

독도 대마도 사료 출처

일본국 국가 문서 보관소
일본 국립 대학 도서관
일본 사립대학 도서관
일본 국립 도서관 일본 각 시 시립도서관
일본 시마네현 다케시마 사료관
일본 사가현 나고야 박물관
김문길 소장 사료관
도서출판 민족문화『조선전도』

독도는 한국 땅
- 대마도는 조선부속 섬

초판인쇄 2020년 6월 15일 인쇄
초판발행 2020년 6월 22일 발행

편저자 김문길 · 강영철
펴낸이 서영애
펴낸곳 대양미디어

등록일 2004년 11월 8일(제2-4058호)
서울시 중구 퇴계로45길 22-6(일호빌딩) 602호
전　화 (02)2276-0078
E-mail : dymedia@hanmail.net

값 12,000원
ISBN 979-11-6072-064-8 03900

이 도서의 국립중앙도서관 출판예정도서목록(CIP)은 서지정보유통지원시스템 홈페이지(http://seoji.nl.go.kr)와 국가
자료공동목록시스템(http://www.nl.go.kr/kolisnet)에서 이용하실 수 있습니다.(CIP제어번호 : CIP2020024335)